ストックデリで
簡単！

パン弁

高橋雅子

PAN
BENTO

PARCO出版

パン弁 CONTENTS

- 5 はじめに
- 6 "ストックデリでパン弁"は、こんなに便利！
- 8 「パン弁」の基本ルール
- 9 「パン弁」の作り方
- 10 ストックデリの保存のコツと、お弁当の衛生管理
- 11 朝作る卵のおかず　●オムレツ　●厚焼き卵　●ゆで卵

PART 1 ストックデリを作る　12

肉・魚のストックデリ

- 12 ●ゆで塩豚
- 13 ●ミートボール
  ●自家製ツナのオイル煮
- 14 ●オイルサーディン　●ハンバーグ
- 15 ●サラダチキン
  ●海老のペペロンチーノ
- 16 ●鮭とれんこんのからししょうゆマリネ
  ●カニかまディル
- 17 ●いかとアーリーレッドのマリネ
  ●牛肉のしぐれ煮
- 18 ●鶏と野菜のグリーンカレー炒め
  ●鶏の唐揚げ オレガノ風味
- 19 ●とんカツ　●あじフライ

野菜のストックデリ

- 20 ●キャロットラペ
  ●ブロッコリーのアーリオオーリオ
- 21 ●おかひじき炒め　●ラタトゥイユ
- 22 ●プチトマトのピクルス
  ●キャベツのザワークラウト風
  ●きゅうりのピクルス
- 23 ●オクラのレモンマリネ
  ●長ねぎのマリネ
- 24 ●根菜の中華風マリネ
  ●ズッキーニのソテー
- 25 ●じゃがいものコロッケ
  ●赤いコールスロー
- 26 ●ごぼうと挽き肉の黒酢炒め
  ●里いものバターマッシュ
- 27 ●かぼちゃの白味噌マッシュ

乾物・豆のストックデリ

- 27 ●桜海老とピーナッツのコールスロー
- 28 ●レンジで作るチリコンカン
  ●ひじきのジンジャーマリネ
- 29 ●桜海老とコーンの花椒炒め
  ●切り干し大根とパプリカのマリネ

便利なディップ

- 30 ●くるみバター
  ●ミルク＆クリームチーズ
  ●いちじくバター
- 31 ●しば漬けディップ　●パセリバター
  ●大豆のフムス　●ゆかりバター
- 32 ●味噌ピーナッツクリームチーズ
  ●アンチョビバター　●レバーペースト
- 33 ●豚のリエット　●ラムレーズンバター

フルーツのストックデリ

- 34 ●ぶどうのコンポート
  ●グレープフルーツのはちみつマリネ
- 35 ●いちごのレンジジャム
  ●焼きりんご

PART2 ストックデリとスープでパン弁 36

38 **フレンチデリとスープのパン弁** ✳ コロコロじゃがいもパセリレモンスープ

40 **トマトが主役のパン弁** ✳ 簡単ガスパチョ

42 **エスニックデリとカレースープでパン弁** ✳ キャベツカレースープ

44 **かぼちゃスープと鮭で和風パン弁** ✳ かぼちゃ豆乳スープ

46 **中華風パン弁** ✳ さっぱり中華風レタススープ

PART3 サンドウィッチでパン弁 48

48 **カツサンド弁当**

50 **バインミーサンド**

51 **卵＆カニサラダサンド**

53 **厚焼き卵サンド**

54 **オイルサーディン＆
キャロットラペ　もりもりサンド**

55 **塩豚＆野菜　もりもりサンド**

58 **チーズバーガー**

60 **フィッシュバーガー**

61 **鶏唐揚げバーガー**

62 **フルーツサンド**

64 **クラブハウスサンド**

65 **カンパーニュサンドウィッチ**

68 **ミートボールのポケットサンド**

70 **ホットドッグ**

71 **コロッケサンド**

72 **ひとくちサンド**

74 **トルティーヤラップサンド**

76 **クロワッサンサンド**

78 **ロールサンド**

80 **ベーグルサンド**

82 サンドウィッチを持っていくアイデア

PART4 パンを使った料理で"パン弁" 84

84 **フレンチトースト**

86 **タルティーヌ**

88 **ホットサンド**

90 **パンキッシュ**

92 **サンドウィッチ・シュルプリーズ**

94 パン弁運びの便利グッズ

95 パン弁作りの便利＆衛生グッズ

はじめに

ウィークデイは毎日、息子のお弁当を作っています。

かつての私にとって「お弁当」はちょっと特別なもの。他の料理のジャンルとは異なる、難しいものだと感じていました。でも、息子が高校生になり、毎日のお弁当作りにも慣れてきて、少しずつ要領を得ていきました。

主食は白いごはんやおにぎりの日が多いのですが、パンが主役のお弁当も作ります。サンドウィッチやホットドッグなどは、それだけでランチとして成り立つので、忙しい日に大助かり。パン教室を主宰し、パンに合う料理を長年作ってきた私にとっては、"パン弁"（パンのお弁当）の方がなじみ深く、気楽に作れるのです。

衛生上注意すべき点、パンを湿気らせないコツ、パンによく合い、冷めてもおいしいおかず、かわいく食べやすく包む方法…などなど。トライとエラー（それに息子からの批評と感想）を繰り返して、私なりの"パン弁"ルールができてきました。

今では、夕食の食材を取り分けておいたり、ストックできるおかずを数品作りおきしたりしています。おかげで、朝は詰めるだけや、パンにはさむだけ。あっという間にお弁当が完成しています。

"パン弁"って、なかなかいいものです。

○おいしいパンを買ってあったら、
　スープやサラダと一緒に持っていけばいい。
○通勤や通学の途中にあるお気に入りの
　パン屋さんで、パンを買うのも楽しい。
○作ってみると意外に楽ちんだし、
　見た目もキュート。
○おかずの内容や量を調整することで、
　軽めのランチにもしっかりごはんにもなる。

だから、子どものお弁当だけじゃなく、家族や自分のお弁当にぜひ。

この本を参考に、ご自身の「オリジナルパン弁」を、たくさん作っていただきたいです。

高橋雅子

"ストックデリでパン弁"は、こんなに便利！

パン弁＝パンが主食のお弁当。
ごはんやおにぎりの代わりに、パンやサンドウィッチをお弁当箱に入れて、出かけましょう。
おかずは、あらかじめ作りおきした"ストックデリ"をはさんだり、詰めたりするだけ。
お昼ごはんに「パン弁」の選択肢が加わると、
毎日のお弁当作りがぐっとラクに、楽しくなります！

パンが食べたい
気分の日に

「近くに、おいしいパン屋さんがオープンしたし、今日のランチはパンがいいな」なんて日もありますよね。
そんな日は、ストックデリだけお弁当箱に詰めて、主食のパンは外出先で買うのがおすすめ。
焼きたてパンに手作りデリで、きっと幸せなランチになります。

ごはんのお弁当に
飽きたときに

毎日お弁当箱にごはんを詰めていると、おかずもマンネリがちに。
お気に入りのパンと、パンに合うデリを詰めれば、お弁当がかわいく変身します。

忙しくてお弁当を
作る時間がないときに

おかず数品とごはんのお弁当を用意するよりも、サンドウィッチだけ作る方が、実はラクなのです。
パンと相性抜群のストックデリをたくさんご紹介しているので、自由にはさんで、活用してくださいね。

ごはんを炊き忘れた！
そんな朝にも

ごはんを炊き忘れちゃった！
そんな朝も、ストックデリがあれば大丈夫。
おうちのパンを使って、パン弁を作りましょう。もちろん、出先でパンを買ってもOKです。

7

PAN BENTO
「パン弁」の基本ルール

お弁当や作りおきのおかずを作るのには、
料理とは異なる小さなコツがたくさんありますよね。
パン弁だって、鮮度を保ち、きれいに持ち運び、
そしておいしく食べるためには、いくつかのルールとテクニックがあります。
パン弁を成功させるために、知っておきたいワザと、守りたいルールをご紹介。
これさえ覚えれば、パン弁は簡単です！

ルール1　作りおきと買いおき食材を活用しよう

お弁当のおかずは少量ですが、作る手間は量にかかわらず一緒。日持ちのするデリや、チーズやハムなどのストック食材をまとめて用意しておくと、朝の調理時間が劇的に短くなります。

ルール2　卵料理は朝作ろう

卵料理はいたむのが早いので、作りおきはしないで毎朝調理しましょう。
火通りが早く、すぐに作れます。
基本のオムレツやゆで卵のレシピは P.11 にあるので、そこに好みのものを混ぜ込んだり、ディップを合わせたりして、バリエーションを広げてください。

ルール3　パンの最愛の友は"手作りディップ"

ごはんのお弁当に梅干しや塩昆布が欠かせないように、パン弁にはディップが必須アイテム。
バターやクリームチーズに調味料やナッツ類を混ぜるだけの手軽さで、魅惑の味が生まれます。
冷凍保存できるので、いろいろ作ってみてください。

ルール4　料理ジャンルにとらわれず、なんでもパンに合わせてみよう

パンに合わせるデリは、洋風のものとは限りません。本書では、エスニックや和風のデリも数多く登場します。パンと一緒に食べてみると、意外な相性のよさに驚くかも知れません。
おかずとパンの組み合わせは自由＆無限大です！

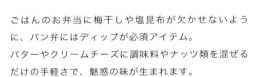

この本に出てくる **パン**

食パン　バーガー用バンズ　カンパーニュ　コッペパン
サンドウィッチ用食パン　バゲット　クロワッサン　イングリッシュマフィン
バタール　バターロール　ブール　トルティーヤ　ベーグル

Deli(デリ) + Pan(パン) 「パン弁」の作り方

Step 1 ストックデリを作る　このおかずを使って、「パン弁」を組み立てていきます。

P.11〜35には、パン弁にぴったりなおかず、ディップ、デザートなどの作りおきレシピと、
朝に作る卵料理、ストックしておきたい日持ち食材をまとめて掲載しています。
週末などの時間があるときや、食事の支度のついでにデリを作りおきして、
冷凍・冷蔵保存しておくと便利です。このおかずを使って、パン弁を組み立てていきます。

Step 2 パンを準備する　サンドウィッチやパンの料理など、作りたいパン弁に合わせてパンを用意。

デリとパンを別々に持っていく場合は、現地調達してもOKです。
この本に登場するパンは、左ページでご紹介しています。

Step 3 仕上げて、詰める　パンとおかずをコーディネイトして、パン弁を仕上げます。

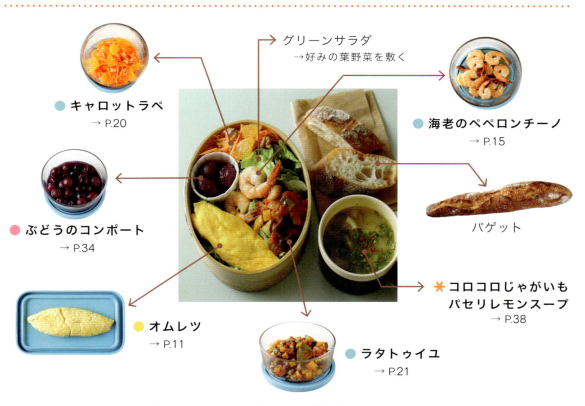

● キャロットラペ → P.20
グリーンサラダ →好みの葉野菜を敷く
● 海老のペペロンチーノ → P.15
● ぶどうのコンポート → P.34
バゲット
✻ コロコロじゃがいも パセリレモンスープ → P.38
● オムレツ → P.11
● ラタトゥイユ → P.21

写真のおかず以外でも、おすすめの組み合わせ例を載せています。
お好みや作りおきの状況でアレンジして、"世界でひとつ"のパン弁を作ってください。

PAN BENTO

ストックデリの保存のコツと、お弁当の衛生管理

ストックデリとお弁当を衛生的に作り、おいしく食べるためには、
気を付けたいことがたくさんあります。
食材がいたまないように、以下に留意して作業をしてください。

❖ 食品を素手で触らない

石けんでよく手を洗ってから、調理を始めましょう。食材に素手で触れると雑菌が付着して、いたみの原因になります。サンドウィッチ作りや盛り付けをするときには、必ず調理用の使い捨て手袋を着用して、清潔な菜ばし等を使ってください。

❖ 調理器具、容器類はアルコール消毒

調理道具と保存容器、お弁当箱は清潔で乾燥したものを使ってください。洗ったあとは、できれば熱湯消毒をして、清潔なふきんかキッチンペーパーで水気を完全に取り除きましょう。さらに、使用前にアルコールスプレーをしておくと安心です。デリを保存容器から出す際も、清潔な箸やスプーンで、必要な分量だけとるようにしましょう。

❖ 包丁とまな板を清潔に

生の素材（特に肉や魚）を切った包丁とまな板には、細菌が付着しています。サンドウィッチやデリ、サラダ用野菜などを切るときに使いまわすと、食中毒の原因となるため、避けてください。出来上がった料理を切る際は、清潔で乾燥した包丁とまな板を使用することが鉄則です。

❖ 生肉、生魚、生卵に要注意

生の肉類、魚類、卵には、食中毒の原因となる菌が付着しています。まな板や作業台の上では、他の食材と一緒におかないようにしましょう。また、調理時にはしっかりと火を通しましょう。マヨネーズには生卵が含まれています。加熱しないで使用するときは、その日中に食べ切ってください。

❖ ストックデリは再加熱して使用

冷蔵・冷凍保存したデリは、生野菜を使用したもの以外は、芯が熱くなるまで温め直し、冷ましてから詰めましょう。サラダ、フルーツ、ディップ類は、加熱すると溶けたり風味が変わってしまうので、そのまま使用します。

❖ 保存期間は目安です

この本で紹介するストックデリの保存期間は冷蔵で5〜6日です。ハンバーグやディップを冷凍保存する場合は、2週間をめどに使い切りましょう。食べ物がいたみやすい梅雨や夏の時季は、長期保存は避けてください。

レシピのきまり

※ 小さじ1は5ml、大さじ1は15ml、1カップは200mlです。

※「適量」は好みに合わせてちょうどよい量を入れること、「適宜」は必要であればお好みで入れることです。

※ バターは加塩タイプを使用しています。

朝作る卵のおかず

卵料理は日持ちしないので、
食べる当日に作ります。
汁気が出るとお弁当に向かないので、
しっかりと火を入れましょう。

オムレツ

ケチャップと好相性の、プレーンオムレツ。
マヨネーズを加えると、ふわふわの仕上がりに。

材料：1個分

卵……1個

A
- 牛乳……大さじ1
- マヨネーズ……大さじ1/2
- 砂糖……小さじ1/2
- 白こしょう……少々

オリーブオイル……大さじ1/2

作り方

1. ボウルに卵を割り入れ泡立て器で溶き、Aを加えよく混ぜる。
2. 小さ目のフライパンを中火で熱し、オリーブオイルをなじませたら1を一気に流し入れる。ゴムべらを使って全体を大きく混ぜて半熟状にしたら片側に寄せて木の葉形に整える。よく冷ましてから使用する。

ゆで卵

おかずにも、
タルタルソースにも大活躍。

材料：作りやすい分量

卵……適量

作り方

1. 鍋に卵を入れ、かぶるくらいの水を加え、中火にかける。沸騰してから13分ゆでる。
2. 保存する際は殻をむかずに冷蔵庫で保存する。

厚焼き卵

だしが香る和風の卵焼きは、
冷めてもおいしいのが特徴。
卵液を一度に流して加熱するので、
だし巻き卵よりも簡単です。

材料：作りやすい分量

卵……2個

A
- 白だし（市販品）……小さじ1
- 水……大さじ1
- きび砂糖……小さじ1

バター……10g

オリーブオイル……小さじ2

作り方

1. ボウルに卵を割り入れ泡立て器で軽く溶きほぐし、Aを加えてさっと混ぜる。
2. 直径24cmくらいのフライパンを中火で熱し、バターとオリーブオイルを加える。バターが溶けたら1を一度に入れ菜ばしで全体を大きく混ぜて半熟状態にする。
3. ゴムべらなどを使って左右を中央に向けて折り、細長くなったら奥から巻いて四角く整える。巻き終わりが下になるようにおき、ふたをして弱火で1分加熱する。
4. 熱いうちにラップで形を整えながら包み、冷めるまでおく。

PART 1
ストックデリを作る

肉・魚　野菜　乾物・豆　ディップ　フルーツ

パン弁のメインのおかずとなる肉・魚のデリ、
サンドウィッチの具にも、サイドディッシュにもぴったりな野菜や乾物のデリ、
フルーツの作りおきデザートなどをご紹介します。
洋風のおかずはもちろん、和や中華のテイストのデリもたくさん。
自由な発想で、パンに合わせて楽しんでください。

肉・魚のストックデリ

Deli
ゆで塩豚

塩漬けにした豚肉をやさしくゆでました。
煮汁ごと保存すれば、ずーっとしっとり。

材料：作りやすい分量

豚肩ロース肉（ブロック）……250g
塩……5g（肉の重量の2%）
長ねぎの青い部分……1本分
しょうが（薄切り）……3枚

作り方

1. 豚肉に塩をまんべんなくすり込み、ラップにぴっちりと包んで冷蔵庫に半日から3日おく。
2. 豚肉が入るサイズの鍋に湯を沸かし、長ねぎ、しょうが、1を入れてゆでる。火加減は表面がゆらゆらする程度にし、沸騰しないよう注意する。アクが出たら取り除き、45分ほどゆでる。
3. 竹串を刺して透明な汁が出ればゆで上がり。ゆで汁ごと保存容器に移し、冷蔵庫で保存する。

Deli ミートボール

お弁当に活躍するミニサイズ。肉だねを丸めたら、加熱する前に冷凍保存してもOKです。

材料：作りやすい分量

肉だね
- 合い挽き肉……400ｇ
- 玉ねぎ（みじん切り）……中1個
- にんにく（みじん切り）……1片
- ナンプラー……小さじ2
- 卵……1個

小麦粉……適量
オリーブオイル……大さじ2
白ワイン……大さじ1

作り方

1. 肉だねの材料をボウルに入れて混ぜ合わせる。粘りが出るまでしっかりとこね、16等分して丸め、表面に小麦粉をまぶす。
2. ふたつきの厚手の鍋を中火で温め、オリーブオイルを入れて**1**の表面を焼く。全体に焼き色がついたら白ワインを加え、ふたをして弱火で10分焼く。途中で返しながら中まで完全に火を通す。
3. 冷めたら保存袋に入れ、冷凍して保存する。

※中まで火を通す際に水分がなくなってこげないように、厚手の鍋を使うとよい。

Deli 自家製ツナのオイル煮

まぐろを低温調理して作る手作りツナ。ハーブが香り、パンとの相性抜群です。

材料：作りやすい分量

まぐろ……1さく（170ｇ）
塩……小さじ1

A
- タイム……1枝（またはドライタイム小さじ1/4）
- ローリエ……1枚
- オリーブオイル……大さじ3

作り方

1. まぐろの両面に塩をふり、冷蔵庫に30分おく。
2. 出てきた水分をキッチンペーパーで拭き取り、Aと共に冷凍用保存袋に入れる。
3. 保存袋が入るサイズの鍋に湯を沸かし**2**を入れる。温度計で計って水温75℃を保ち、30分加熱する。
4. 取り出して袋のまま冷ます。味をみて足りなければ塩（分量外）を加える。冷蔵庫で保存する。

Deli オイルサーディン

新鮮ないわしが手に入ったら、ぜひ作ってみてください。小さなお子さんがいる場合は、赤唐辛子は抜きでOK。

材料：作りやすい分量

いわし（うろこを取り、3枚おろし）……3尾

A
- にんにく（芯を取り、つぶす）……1/2片
- 赤唐辛子（半分にして種を取る）……1本
- ローリエ……2枚
- タイム……4枝
- レモンの皮（黄色い部分のみ）……1/2個分

オリーブオイル……適量

作り方

1. いわしの両面に軽く塩（材料外）をふり、冷蔵庫に20分おく。
2. 出てきた水分をキッチンペーパーで拭き取り、鍋に入れる。Aを加え、オリーブオイルをかぶるまで注ぐ。
3. 弱火で20分加熱する。
4. 保存容器に移し、冷めたらにんにくを取り除き、冷蔵庫で保存する。

Deli ハンバーグ

ハンバーガー用には丸形、おかずなら小判形。サイズを変えて成形しておくと便利。

材料：作りやすい分量

合い挽き肉……400g
玉ねぎ（みじん切り）……1/2個（100g）

A
- 卵……1個
- パン粉……大さじ3
- 牛乳……大さじ2
- 塩……小さじ1
- こしょう、ナツメグ……各少々

作り方

1. ボウルに合い挽き肉と玉ねぎを入れ、Aを加えてよく練り混ぜる。
2. 用途に合わせて成形し、1個ずつラップに包み、保存袋に入れて冷凍する。

※チーズハンバーガー用：全量で8個分
※おかずのミニハンバーグ用：全量で12個分
※下記の要領で加熱してから冷凍してもよい。

当日の加熱方法

1. 前日に使用する分だけ取り出し冷蔵庫で解凍するか、当日室温に出して解凍する。
2. ふたつきの厚手の鍋を中火で温め、オリーブオイル（材料外）を入れて1の表面を焼く。全体に焼き色がついたら白ワイン（材料外、水でもよい）を加え、ふたをして弱火で10分焼く。途中で裏返し、中まで完全に火を通す。

肉・魚 のストックデリ

Deli
サラダチキン

市販品でおなじみのサラダチキンを手作りしました。レモン抜きのプレーン味にしても、おいしいです。

材料：作りやすい分量

鶏むね肉……1枚（300g）
グラニュー糖……3g（鶏肉の重さの1％）
塩……3g（鶏肉の重さの1％）
レモン……1/2～1個

作り方

1. レモンは皮を粗塩（分量外）でこすり洗いし、薄切りにする。
2. 鶏肉にグラニュー糖をもみ込み、次に塩をもみ込む。レモンと共に保存袋に入れ、一晩冷蔵庫におく。
3. 保存袋の入る大きさの鍋に湯を沸かし2を入れ、温度計で計って水温75℃を保ち、30分加熱する。
4. 冷めたら冷蔵庫で保存する。

Deli
海老のペペロンチーノ

色鮮やかな海老を、ナンプラーとにんにくでスパイシーに仕上げました。

材料：作りやすい分量

バナメイ海老……10尾
A
[オリーブオイル……大さじ1
  にんにく（みじん切り）……1片
  赤唐辛子（種を取り5mmの小口切り）……1本
ナンプラー……小さじ1/2

作り方

1. 海老は殻をむき、背わたを竹串などで取り除く。塩と片栗粉少々（共に分量外）でもみ洗いし、流水で洗い流してキッチンペーパーで水気を拭き取る。
2. フライパンにAを入れて中火にかけ、香りがたってきたら海老を入れて両面に焼き色をつける。ナンプラーを加えて全体を混ぜ、ふたをして弱火で2分、こがさないように加熱する。
3. 保存容器に移し、冷めたら冷蔵庫で保存する。

Deli
鮭とれんこんのからししょうゆマリネ

酢じょうゆ味にからしの刺激が鮭と好相性。
れんこんのシャキシャキとした食感が
残る程度の火入れが大切です。

材料：作りやすい分量

生鮭（切り身）……2切れ
れんこん……5cm
オリーブオイル……大さじ1＋大さじ1
白ワイン……50ml

A
- しょうゆ……大さじ3
- 米酢……大さじ1 1/2
- みりん……小さじ2
- 練りがらし……小さじ1

作り方

1. 鮭の両面に軽く塩（材料外）をふり、冷蔵庫に20分おく。出てきた水分をキッチンペーパーで拭き取り、3cm幅のそぎ切りにする。れんこんは皮をむき、5mm厚さの半月切りにし、水にさらす。キッチンペーパーで水気を拭き取る。
2. 保存容器にAを合わせておく。
3. フライパンにオリーブオイル大さじ1を熱し、れんこんを歯ごたえが残る程度に焼き、2に漬ける。
4. 3のフライパンにオリーブオイル大さじ1を足して鮭を入れる。焼き色がついたらひっくり返して両面を焼く。中心まで火が通ったら白ワインを入れ、上下を返しながら水分がなくなるまで焼き、れんこんと共に2に漬ける。
5. 冷めたら冷蔵庫で保存する。

Deli
カニかまディル

レモンが爽やかに香る、カニ風味のサラダ。
卵料理やマヨネーズと合わせても美味です。

材料：作りやすい分量

カニ風味かまぼこ……4本
ディル（みじん切り）……2枝
ピンクペッパー……小さじ1/2
レモンの皮（すりおろし）……1/4個
レモン汁……小さじ1
はちみつ……小さじ1/2
オリーブオイル……小さじ1
塩……少々

作り方

1. カニ風味かまぼこを手でほぐし、他の材料を加え混ぜる。その際ピンクペッパーは指先でつぶしながら加える。
2. 保存容器に移し、表面にラップをぴったりと貼り付けてから、ふたをし、冷蔵庫で保存する。

肉・魚 のストックデリ

Deli
いかとアーリーレッドのマリネ

アジアンテイストの魚介マリネ。
いかの代わりにタコを使っても美味です。

材料：作りやすい分量

するめいか（胴体のみ。皮を取り除く）……1杯
アーリーレッド（薄切り）……1/4個（40 g）
パクチー（ざく切り）……2本

A
- レモン……1/2個
- ナンプラー……小さじ2
- きび砂糖……小さじ1
- 水……50 ml
- にんにく（芯を取ってつぶす）……1/2片
- 青唐辛子（輪切り）……1本

作り方

1. 鍋に湯を沸かし、いかを入れて1分ゆでる。ざるにあげて冷まし（水をかけない）、7mm幅の輪切りにする。レモンは皮を粗塩（分量外）でこすり洗いし、薄切りにする。
2. Aを小鍋に入れて中火にかけ、沸騰したら半量まで煮詰める。
3. 保存容器に1とアーリーレッドを入れ、熱々の2を加える。パクチーをのせる。
4. 冷めたらにんにくを取り除き、冷蔵庫で保存する。

Deli
牛肉のしぐれ煮

しょうゆ味がベースの甘辛煮。
隠し味に赤ワインを入れて、パンとの相性をアップ！

材料：作りやすい分量

牛薄切り肉（切り落とし）……250 g
サラダ油……小さじ2
しょうが（薄切り）……5枚
赤ワイン、しょうゆ、メープルシロップ
　……各大さじ2

作り方

1. 鍋を強火で温め、サラダ油を入れて牛肉を炒める。軽く色が変わったらしょうがと赤ワインを加え、水気が半量になるまで煮詰める。
2. 煮詰まったらしょうゆとメープルシロップを加え、弱火で汁気がなくなるまで煮る。
3. 保存容器に移し、冷蔵庫で保存する。

17

Deli
鶏と野菜のグリーンカレー炒め

香りと辛さが魅力のタイカレーを、パン弁向きの水分少なめデリにアレンジ。

材料：作りやすい分量

- 鶏もも肉……1/2 枚
- ナンプラー……小さじ 1/2
- なす……1 本
- かぼちゃ（皮と種を除いた正味）……200 g
- 赤パプリカ……1/2 個
- オクラ……4〜5 本
- グリーンカレーペースト……20 g
- ココナッツミルク……100 ml
- きび砂糖……小さじ 1
- バジル……2 枝
- サラダ油……大さじ 2

作り方

1. 鶏もも肉を一口大に切り、ナンプラーで下味をつける。なすは皮をむき、赤パプリカは種を取り除き、大きめの乱切りにする。オクラは縦半分に切る。かぼちゃは大きめの一口大に切り、電子レンジ（600 W）に 3 分かけ、かために加熱する。（機種によって時間は調節して下さい。）
2. フライパンを中火にかけて温め、サラダ油をひいて鶏肉を焼く。焼き色がついたら取り出し、かぼちゃを入れて炒める。軽く焼き色がついたらなすとオクラを入れて炒め、火が通ったら鶏肉を戻して炒める。
3. グリーンカレーペーストを加えてさっと炒め、ココナッツミルクときび砂糖を加え、水分がなくなるまで炒める。仕上げにバジルをちぎって加え、混ぜ合わせる。
4. 保存容器に移し、冷めたら冷蔵庫で保存する。

Deli
鶏の唐揚げ オレガノ風味

マヨネーズで下味をつけることで、鶏むね肉がしっとり仕上がります。

材料：作りやすい分量

- 鶏むね肉……1 枚（200 g）
- 塩・こしょう……各少々
- A
  - ［マヨネーズ……大さじ 1/2
  - オレガノ（ドライ）……小さじ 1/2］
- 片栗粉、小麦粉、揚げ油……各適量

作り方

1. 鶏むね肉を一口大に切り、塩・こしょうをする。保存袋に入れて A を加え、もみ込む。
2. 冷凍して保存する。

※ 2〜3 個ずつ小分けに保存すると便利。

唐揚げの加熱方法

1. 前日に使用する分だけ取り出し冷蔵庫で解凍するか、当日室温に出して解凍する。
2. 片栗粉と小麦粉を 1：1 の割合で合わせたものを用意し、1 にひと切れずつまんべんなくまぶす。
3. 170℃の油で色よく揚げる。

肉・魚 のストックデリ

買っておくと便利な食材

パンのお供にぴったりな食材は、お弁当用に冷蔵庫に常備しておきたい。ハム、ソーセージ、ベーコンなどの豚肉加工品は加熱時間が短いので、忙しい朝に大助かり。スライスチーズは、サンドウィッチやバーガーに役立ちます。

Deli
とんカツ

多めに用意して、衣をつけて冷凍。
凍ったまま揚げられるので、忙しい朝の味方です。

材料：作りやすい分量

豚ヒレ肉（ブロック）……400g
塩・こしょう……各少々
小麦粉、溶き卵、パン粉、揚げ油……各適量

作り方

1. 豚ヒレ肉は2.5cm幅に切り、切り口を上にしてめん棒などでたたき1.5cm程度の厚みにする。両面に塩・こしょうで下味をつける。
2. 1に小麦粉をまぶし、溶き卵→パン粉の順にしっかりと衣をつける。
3. 1個ずつラップで包み、保存袋に入れて冷凍する。

当日の加熱方法
160℃に熱した揚げ油に
凍ったまま入れて、こんがりと色よく揚げる。

Deli
あじフライ

ごはんはもちろん、パンとも相性抜群。
あじの代わりにいわしやたら、鯛でもおいしく作れます。

材料：作りやすい分量

あじ……4尾
塩・こしょう……各少々
小麦粉、溶き卵、パン粉、揚げ油……各適量

作り方

1. あじは3枚におろし、ゼイゴと腹骨をすき取る。両面に塩・こしょうで下味をつける。
2. 1に小麦粉をまぶし、溶き卵→パン粉の順にしっかりと衣をつける。
3. 1個ずつラップで包み、保存袋に入れて冷凍する。

当日の加熱方法
160℃に熱した揚げ油に
凍ったまま入れて、こんがりと色よく揚げる。

野菜のストックデリ

Deli キャロットラペ

生のにんじん、ローストしたくるみ、柑橘類。
それぞれの香りと食感が調和したサラダです。

材料：作りやすい分量

にんじん……1/2本
塩……少々
オレンジ……1/2個
オレンジの果汁……小さじ1
くるみ（から焼きする）……大さじ1

作り方

1. にんじんを千切りにし、塩をふって軽く混ぜ、出てきた水気を絞る。オレンジは薄皮を外し、果肉だけにする。
2. にんじんとオレンジの果肉、果汁を合わせ、粗みじん切りにしたくるみをさっと混ぜる。
3. 保存容器に移し、冷蔵庫で保存する。

Deli ブロッコリーのアーリオオーリオ

にんにく、唐辛子、アンチョビの
組み合わせで、ブロッコリーが大人な味わいに。

材料：作りやすい分量

ブロッコリー……1株

A
  オリーブオイル……小さじ2
  にんにく（芯を取り、つぶす）……1片
  アンチョビ（みじん切り）……1枚
  赤唐辛子（種を取り小口切り）……1本
白ワイン……50 ml
塩・こしょう……各少々

作り方

1. ブロッコリーは小さめの小房に分ける。
2. ふたつきの厚手の鍋にAを入れて中火にかける。香りがたったらブロッコリーを入れて炒め、色が鮮やかになったら白ワインを加える。ふたをして弱火で3分蒸し煮にし、塩・こしょうで味を調える。
3. 保存容器に移し、冷めたらにんにくを取り除き、冷蔵庫で保存する。

Deli ラタトゥイユ

南仏風の夏野菜煮込み。野菜を細かく刻み、チンするだけの手軽さで、深い味わいが完成！

材料：作りやすい分量

ズッキーニ……1/2 本
なす……1/2 本
玉ねぎ……1/4 個
黄パプリカ……1/4 個
にんにく（芯を取り、つぶす）……1 片
A（混ぜておく）
　トマト水煮（ダイスカット）……200 g
　塩、きび砂糖……各小さじ 1
　オリーブオイル……大さじ 1
　ローリエ……1 枚
白ワインビネガー……小さじ 2
こしょう……少々

作り方

1. 野菜はすべて 1 cm 角に切る。
2. 電子レンジ対応の耐熱容器に **1** とにんにくを入れ、上から A をのせる。ふんわりとラップをし、電子レンジ（600 W）で 3 分加熱する。一度取り出して全体を混ぜ合わせ、もう一度ふんわりとラップをして電子レンジ（600 W）で 2 分加熱する（容器が熱くなっているのでミトンなどを使用すること）。
3. 味をみて塩適量（分量外）を足し、白ワインビネガーとこしょうを加えて混ぜる。
4. 保存容器に移し、冷めたらにんにくとローリエを取り除く。冷蔵庫で保存する。

Deli おかひじき炒め

しっかりとした歯ごたえが魅力のおかひじきを、洋風のソテーに仕上げました。

材料：作りやすい分量

おかひじき（5cm 長さに切る）……1 パック
オリーブオイル……大さじ 1
にんにく（芯を取り、つぶす）……1 片
塩……小さじ 1/2
白ワイン……大さじ 2

作り方

1. ふたつきの厚手の鍋にオリーブオイルとにんにくを入れ中火にかける。香りがたったらおかひじきと塩を入れてさっと炒め、色が鮮やかに変わったら白ワインを加える。ふたをして弱火で 5 分蒸し煮にする。
2. 保存容器に移し、冷めたらにんにくを取り除き、冷蔵庫で保存する。

Deli
プチトマトのピクルス

お弁当の定番プチトマトを、湯むきしてマリネ。
甘酸っぱい和風味は、意外なほどパンに合います。

材料：作りやすい分量

プチトマト……1パック

A
- かつおだし……300 ml
- しょうがの絞り汁……大さじ1
- 米酢、みりん……各小さじ2
- 塩……小さじ1/3

作り方
1. プチトマトを湯むきする。鍋に湯を沸かし、プチトマトを入れる。5秒で取り出し、氷水にとる。プチトマトは一度に5〜6個ずつ入れる。皮をむき、ヘタも取る。
2. 保存容器にAを合わせておき、1を漬ける。
3. 冷蔵庫で保存する。

Deli
キャベツのザワークラウト風

サンドウィッチに欠かせない千切りキャベツ。
さっと加熱して漬けておくと、たっぷり食べられます。

材料：作りやすい分量

キャベツ……1/4個

A（合わせておく）
- 酢、はちみつ……各大さじ1
- 塩……小さじ1/2
- ローリエ……1〜2枚

作り方
1. キャベツを千切りにして耐熱容器に入れ、ふんわりとラップをする。電子レンジ（600 W）で1分加熱する。
2. 熱いうちにAをまわしかけ、混ぜる。
3. 保存容器に移し、冷めたら冷蔵庫で保存する。

Deli
きゅうりのピクルス

ポリポリした食感があとをひくピクルス。
サンドウィッチのおいしいお供です。

材料：作りやすい分量

きゅうり……2本

A
- 米酢……150 ml
- 水……50 ml
- きび砂糖……20 g
- 塩……7 g
- 赤唐辛子（種を取る）……1本
- ローリエ……1〜2枚

作り方
1. きゅうりは両端を切り落とし、長さを3等分に切って縦半分にする。塩少々（分量外）をふり、10分おく。出てきた水分を拭き取り、保存容器に入れる。
2. Aを小鍋で煮立て、熱々を1にかける。
3. 冷めたら、冷蔵庫で保存する。

野菜のストックデリ

Deli オクラのレモンマリネ

サンドの具にもサイドディッシュにもぴったりな爽やかな酸味が魅力のマリネ。

材料：作りやすい分量

オクラ……1パック
レモン……1/4個
オリーブオイル……大さじ2
塩……適量

作り方

1. オクラは塩をすり込んでまな板の上で転がし、洗い流す。ガクのかたい部分をむき、熱湯で20秒ほどゆでる。熱いうちに縦半分に切り、保存容器に入れる。
   レモンは皮を粗塩（材料外）でこすり洗いし、皮の黄色い部分だけをすりおろす。残った部分は薄めのいちょう切りにし、オクラの容器に入れる。
2. 塩をふって味をつけ、オリーブオイルをかけて和える。最後にレモンの皮のすりおろしを加える。冷めてから冷蔵庫で保存する。

Deli 長ねぎのマリネ

蒸し煮にすることで長ねぎの甘みをぐっと引き出し、白ワインとレモンでさっぱりと仕上げています。

材料：作りやすい分量

長ねぎ……2本
オリーブオイル……小さじ2
塩……少々
白ワイン……大さじ2
A
　オリーブオイル……大さじ3
　レモン汁……大さじ1
　塩……少々

作り方

1. 長ねぎを2〜3cm長さに切る。
2. ふたつきの厚手の鍋を中火で温め、オリーブオイルをひいて長ねぎを入れ、塩をふってこんがりと焼く。
3. 焼き色がついたら白ワインを加える。アルコール分が飛んだらAを入れてふたをする。弱火でねぎがやわらかくなるまで蒸し煮にする。
4. 保存容器に移し、冷めたら冷蔵庫で保存する。

Deli
根菜の中華風マリネ

さまざまな歯ごたえと味わいの根菜を、
豆板醤でスパイシーに炒め合わせました。

材料：作りやすい分量

れんこん……1節
長いも……10cm
かぶ……2個
にんにく（芯を取り、つぶす）……1片
サラダ油……大さじ2
A（合わせておく）
　黒酢、酒……各大さじ1
　きび砂糖……小さじ2
　しょうゆ、豆板醤……各小さじ1

作り方

1. れんこんと長いもは皮をむき、一口大の乱切りにする。かぶは葉の根元を2cmほど残して切り、皮をむいて6等分のくし形に切る。
2. フライパンにサラダ油とにんにくを入れて中火にかけ、香りがたったら1を入れ、軽くこげ目がつくまで焼くように炒める。
3. Aを加え、水分がなくなるまで炒め煮にする。
4. 保存容器に移し、冷めたらにんにくを取り除き、冷蔵庫で保存する。

※豆板醤は好みで加減してください。商品により塩加減が違うので、しょうゆの量で塩分の調整を。

Deli
ズッキーニのソテー

加熱時間が短く、時短調理に向くズッキーニ。
バルサミコとはちみつで甘酸っぱい味に。

材料：作りやすい分量

ズッキーニ……1本
オリーブオイル……小さじ2
はちみつ……小さじ2
塩・こしょう……各少々
バルサミコ酢……小さじ2

作り方

1. ズッキーニは5mm厚さの輪切りにする。
2. フライパンを中火で温め、オリーブオイルをひいてズッキーニを入れ、塩少々をして炒める。ズッキーニに火が通ったらはちみつを加え、塩・こしょうで味を調える。火を止め、バルサミコ酢を加え、全体にからめる。
3. 保存容器に移し、冷めてから冷蔵庫で保存する。

Deli
じゃがいものコロッケ

**大人も子どもも大好きなコロッケ。
お弁当用には小さめサイズがおすすめ。**

材料：作りやすい分量

じゃがいも……2個
玉ねぎ（みじん切り）……1/2個
バター……20g
塩・こしょう……各適量
サラダ油……少々
小麦粉、溶き卵、パン粉、揚げ油……各適量

作り方
1. 玉ねぎはサラダ油と塩少々で薄く色づくまで炒める。
2. じゃがいもは皮つきのまま水からゆでる。竹串がすっと入るまでやわらかくなったら取り出し、熱いうちに皮をむき、ボウルに入れる。バターを加えてつぶし、1を加えて混ぜ、塩・こしょうで味を調える。
3. 2を9等分し、6cmの俵形に成形する。小麦粉をまぶし、溶き卵、パン粉の順に、しっかりと衣をつける。
4. 1個ずつラップで包み、保存容器に入れて冷凍する。

当日の加熱方法
160℃に熱した揚げ油に
凍ったまま入れて、こんがりと色よく揚げる。

野菜のストックデリ

Deli
赤いコールスロー

**鮮やかな赤紫色に目を奪われるサラダ。
最低限の調味料で作れば、アレンジも自在。**

材料：作りやすい分量

紫キャベツ……1/4個
アーリーレッド……1/4個
米酢……小さじ1
塩……小さじ1/2

作り方
1. 紫キャベツは千切りにする。アーリーレッドは縦に薄切りにし、水にさらしてから水気を切る。
2. 保存容器に1を入れ、酢と塩を加えて混ぜる。冷蔵庫で保存する。

野菜 のストックデリ

Deli
里いものバターマッシュ

里いもがねっとりおいしいマッシュポテトに。
ナンプラーで、アジアンテイストをプラス。

材料：作りやすい分量

里いも……8個
バター……15ｇ
ナンプラー……小さじ1

作り方

1. 里いもは皮ごと水からゆでる。竹串がすっと入るまでやわらかくなったら、皮をむく。
2. ボウルに移しバターとナンプラーを加え、マッシャーなどで里いもをつぶしながら混ぜる。
3. 保存容器に移し、冷めたら冷蔵庫で保存する。

Deli
ごぼうと挽き肉の黒酢炒め

コクと酸味がやみつきになる、中華風炒め。
トルティーヤやカンパーニュにぴったりです。

材料：作りやすい分量

ごぼう……1/2本
豚挽き肉……150ｇ
酒……小さじ2
しょうゆ……小さじ1
サラダ油……小さじ2
にんにく（芯を取り、つぶす）……1片
赤唐辛子（種を取り、小口切り）……1本
A
　黒酢……大さじ1
　オイスターソース、しょうゆ……各小さじ2
花椒（ホワジャオ）（粒）……適宜

作り方

1. ごぼうはななめ薄切りにして水にさらし、水気を切る。挽き肉に酒としょうゆを混ぜ、下味をつけておく。
2. フライパンにサラダ油、にんにく、赤唐辛子を入れて中火にかけ、香りが立ったら1の挽き肉を加え炒める。パラパラになったらごぼうを加え、透きとおるまで炒める。
3. Aを加え、水分がほとんどなくなるまで炒め、好みで花椒を加える。
4. 保存容器に移し、冷めたらにんにくを取り除き、冷蔵庫で保存する。

Deli
かぼちゃの白味噌マッシュ

つぶしたかぼちゃと、歯ごたえのよいナッツ。
ベーグルやクロワッサンによく合います。

材料：作りやすい分量

かぼちゃ（皮と種を除いた正味）……200 g

A
- 白味噌……大さじ2
- バター……10 g
- メープルシロップ……小さじ1
- 白こしょう……少々

ピーカンナッツ（から焼きする）……大さじ2

作り方

1. かぼちゃを一口大に切り、耐熱容器に入れる。ふんわりとラップをかけ、電子レンジ（600 W）で3分加熱する。
2. かぼちゃが熱いうちにAを加え、つぶしながらよく混ぜる。仕上げにピーカンナッツを加えて混ぜる。
3. 保存容器に移し、冷めたら冷蔵庫で保存する。

乾物・豆のストックデリ

Deli
桜海老とピーナッツのコールスロー

キャベツのサラダに桜海老とナッツを加えて。
かむほどに旨みが出ます。

材料：作りやすい分量

キャベツ……1/8個（120 g）
桜海老（乾燥）……小さじ2
ピーナッツ（粗みじん切り）……25 g
米酢……小さじ2
きび砂糖……小さじ1
塩……小さじ1/2

作り方

1. キャベツは千切りにし、塩ときび砂糖で和えてしばらくおく。出てきた水分を軽く絞ってボウルに入れ、残りの材料を混ぜ合わせる。
2. 保存容器に移し、冷蔵庫で保存する。

Deli
レンジで作るチリコンカン

メキシコの定番料理だから、トルティーヤに最適。
電子レンジを使えば、あっという間に完成！

材料：作りやすい分量

A
- 合い挽き肉……120g
- 玉ねぎ（みじん切り）……大1/4個
- カイエンヌペッパー……小さじ1/4
- 塩……小さじ1/2

B
- キドニービーンズ（ゆでたもの）……120g
- トマト（粗みじん切り）……1/2個
- トマトケチャップ……大さじ2

作り方
1. 耐熱容器にAを入れて混ぜ合わせ、ふんわりとラップをして電子レンジ（600W）で2分加熱する。一度取り出して全体を混ぜ、Bを加えてさらに混ぜる。再度ふんわりとラップをして電子レンジ（600W）で2分加熱する。もう一度取り出して、ラップを外して全体を混ぜ合わせ、ラップをしないで電子レンジ（600W）で3分加熱する。
2. 保存容器に移し、冷めてから冷蔵庫で保存する。

Deli
ひじきのジンジャーマリネ

ひじきとトマトは、意外にも相性抜群。
しょうがの風味がポイントです。

材料：作りやすい分量

長ひじき（乾燥）……10g
プチトマト……7個

A（合わせておく）
- しょうが（すりおろす）……1片
- 米酢……小さじ2
- 太白ごま油……小さじ2
- はちみつ……小さじ1

作り方
1. 長ひじきは水でかために戻し、熱湯で2〜3分ゆでてざるに上げる。プチトマトは4等分に切る。
2. ひじきが熱いうちにボウルに入れ、プチトマトとAを加えて混ぜる。
3. 保存容器に移し、冷めてから冷蔵庫で保存する。

乾物・豆 のストックデリ

Deli
桜海老とコーンの花椒炒め

爽やかな香りと刺激が魅力の「花椒(ホワジャオ)」で、コーンの印象がガラッと変わります。

材料：作りやすい分量

桜海老（乾燥）……大さじ2
とうもろこし……1本（または缶詰1缶）
ごま油……小さじ2
しょうゆ……小さじ1
花椒粉……少々

作り方

1. とうもろこしはゆでてから包丁で身をそぎ落とす。
2. フライパンを中火で温め、ごま油をひいて桜海老ととうもろこしを炒める。全体に火が通ったらしょうゆをまわしかけ、香ばしい香りがしたら花椒粉をふり、すぐに火を止める。
3. 保存容器に移し、冷めてから冷蔵庫で保存する。

Deli
切り干し大根とパプリカのマリネ

切り干し大根のバリバリとした食感を生かし、パプリカと一緒にヘルシーなデリにしました。

材料：作りやすい分量

切り干し大根（乾燥）……20g
黄パプリカ……1個
パセリ……1枝
A（合わせておく）
　オリーブオイル……大さじ2
　レモン汁……大さじ1
　はちみつ……小さじ1/2
　塩・こしょう……各少々

作り方

1. 切り干し大根は水で戻し、食べやすい長さに切る。熱湯で2～3分ゆでてざるに上げる。パプリカは縦に薄切りにする。パセリはみじん切りにする。
2. 切り干し大根が熱いうちにボウルに入れ、パプリカ、パセリ、Aを加えて混ぜる。
3. 保存容器に移し、冷めてから冷蔵庫で保存する。

29

a　くるみバター

くるみの香ばしさと濃厚な風味が、バターとマッチ。
お好みで、他のナッツを加えても◎。

材料：作りやすい分量
くるみ……25 g
バター……50 g

作り方
1. くるみは160℃に予熱したオーブンで10分から焼きをし、冷めたらみじん切りにする。
2. バターを室温に戻してやわらかくし、**1**を混ぜる。
3. 保存容器に移し、表面にラップをぴったりと貼り付けてからふたをし、冷蔵庫で保存する。

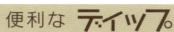

便利なディップ

b　ミルク＆クリームチーズ

バゲットと相性抜群の、ふわふわクリーム。
フルーツやジャムと一緒にはさめば、甘いサンドに。

材料：作りやすい分量
クリームチーズ……25 g
バター……25 g
粉糖……10 g

作り方
1. クリームチーズとバターを室温に戻してやわらかくし、粉糖を混ぜる。
2. 保存容器に移し、表面にラップをぴったりと貼り付けてからふたをし、冷蔵庫で保存する。

c　いちじくバター

いちじくの種のプチプチとした食感が魅力。
塩味の肉料理とも合います。

材料：作りやすい分量
セミドライいちじく（白）……2個
白ワイン……大さじ1
バター……50 g

作り方
1. セミドライいちじくを8等分に切り、耐熱容器に入れる。白ワインをふりかけてラップをし、電子レンジ（600 W）で2分加熱する。冷めたらざく切りにする。
2. バターを室温に戻してやわらかくし、**1**を混ぜる。
3. 保存容器に移し、表面にラップをぴったりと貼り付けてからふたをし、冷蔵庫で保存する。

d しば漬けディップ

しば漬けとチーズ、酸味のある組み合わせです。
パンに酸味をプラスしたいときに便利。

材料：作りやすい分量
しば漬け（みじん切り）……20g
クリームチーズ……50g

作り方
1. クリームチーズを室温に出してやわらかくし、しば漬けを混ぜる。
2. 保存容器に移し、表面にラップをぴったりと貼り付けてからふたをし、冷蔵庫で保存する。

f 大豆のフムス

中東の伝統料理、
ひよこ豆のペーストを、
身近な食材でアレンジしました。

材料：作りやすい分量
大豆水煮……100g
にんにく（すりおろす）……少々
練りごま……小さじ1
クミンシード……小さじ1/2
オリーブオイル……大さじ1
レモン汁……大さじ1
塩……小さじ1/2＋適量
こしょう……少々

作り方
1. 材料をすべてフードプロセッサーに入れ、なめらかになるまで撹拌する。塩、こしょうで味を調える。
2. 保存容器に移し、表面にラップをぴったりと貼り付けてからふたをし、冷蔵庫で保存する。

e パセリバター

シンプルながら、香り高くて万能の組み合わせ。
どんなパンにもよく合います。

材料：作りやすい分量
パセリ（みじん切り）……大さじ2
バター……50g
塩……小さじ1/4

作り方
1. バターを室温に戻してやわらかくし、パセリと塩を混ぜる。
2. 保存容器に移し、表面にラップをぴったりと貼り付けてからふたをし、冷蔵庫で保存する。

g ゆかりバター

おなじみのゆかりを
バターに混ぜると
驚きのおいしさ！
和風のデリと一緒に。

材料：作りやすい分量
ゆかり（市販品）……小さじ2
バター……50g

作り方
1. バターを室温に戻してやわらかくし、ゆかりを加えて混ぜる。
2. 保存容器に移し、表面にラップをぴったりと貼り付けてからふたをし、冷蔵庫で保存する。

h 味噌ピーナッツクリームチーズ

まろやかなコクがある素材を組み合わせて、
濃厚なディップが完成。野菜とよく合います。

材料：作りやすい分量

合わせ味噌……小さじ2
クリームチーズ……50 g
メープルシロップ……小さじ1
ピーナッツ（粗みじん切り）……小さじ2

作り方

1. クリームチーズを室温に戻してやわらかくし、残りの材料を混ぜる。
2. 保存容器に移し、表面にラップをぴったりと貼り付けてからふたをし、冷蔵庫で保存する。

j レバーペースト

食べ出すと止まらない！？
なめらかなペースト。

材料：作りやすい分量

鶏レバー……200 g
玉ねぎ……1/8 個（25 g）
にんにく……1/2 片
生クリーム……50 ml
強力粉……大さじ1
ブランデー……大さじ1
オリーブオイル……大さじ1
バター……15 g + 35 g
ローリエ……1 枚
塩・こしょう……各適量

作り方

1. 鶏レバーは半分に切って中の血の塊を取り除き、冷水で洗って水気を拭き取る。塩・こしょうで下味をつけ、強力粉をまぶす。玉ねぎとにんにくはみじん切りにする。
2. オリーブオイルとバター15 gをフライパンに入れて中火にかけ、バターが溶けたら玉ねぎとにんにくを入れて塩少々をふって炒める。しんなりとしたらレバーを入れ、焼きつけるようにして炒める。
3. レバーに火が通ったらブランデーを加えて火を強め、アルコール分が飛んだら生クリームとローリエを加えて弱火にし、10分ほど加熱する。生クリームが煮詰まったらバットにあけて冷ます。ローリエは取り除く。
4. フードプロセッサーに 3 とバター35 gの半量を入れてなめらかになるまで撹拌する。残りのバターを入れてさらに混ぜ、塩で味を調える。
5. 保存容器に移し、表面にラップをぴったりと貼り付けてからふたをし、冷蔵庫で保存する。

i アンチョビバター

アンチョビの独特のコクと塩気を、
バターのまろやかさで包み込みます。

材料：作りやすい分量

アンチョビ（みじん切り）……3 枚
バター……50 g

作り方

1. バターを室温に戻してやわらかくし、アンチョビを混ぜる。
2. 保存容器に移し、表面にラップをぴったりと貼り付けてからふたをし、冷蔵庫で保存する。

k 豚のリエット

豚肉のコクに、ベーコンの香りを加えたリエット。
圧力鍋がない場合は、弱火で2時間半ほど煮ます。

便利な**ディップ**

材料：作りやすい分量

豚ばら肉（ブロック）……250 g
ベーコン（3cm幅に切る）……50 g
玉ねぎ（薄切り）……1個
にんにく（芯を取り、つぶす）……1片
白ワイン……100 ml
オリーブオイル……小さじ2
ローリエ……1枚
塩……小さじ1

作り方

1. 豚肉に塩をまんべんなくすり込み、ラップに包んで冷蔵庫に一晩入れる。
2. 1から水分が出ていたら拭き取り、3cm幅に切る。
3. 圧力鍋にオリーブオイルとにんにくを入れて中火にかけ、香りが立ったら2を入れて表面全体を焼く。ベーコンを加えてさっと炒め、玉ねぎを加えてしんなりとするまで炒める。
4. 3に白ワインを加える。アルコール分が飛んだら、かぶるくらいの水とローリエを加えて沸騰させ、アクをとる。
5. 圧力鍋のふたをし、圧力をかけて25分加熱する。
6. 圧が下がったらふたを開け、水分が多ければひたひたよりやや少ない程度まで煮詰める。冷蔵庫に一晩入れて冷やし、表面の白く固まった脂を取り除く。
7. ローリエを取り除き、フードプロセッサーにかけ、なめらかにする。
8. 保存容器に移し、表面にラップをぴったりと貼り付けてからふたをし、冷蔵庫で保存する。

l ラムレーズンバター

フルーツや肉類と
相性がよいレーズン。
ラム酒と合わせて、
大人のディップに。

材料：作りやすい分量

レーズン……50 g
バター……50 g
ラム酒……大さじ1

作り方

1. レーズンをざるに入れて熱湯をかけ、小さなボウルに入れてラム酒を加え、ぴったりとラップをして冷めるまでおく。冷めたら粗みじん切りにする。
2. バターを室温に戻してやわらかくし、1を混ぜる。
3. 保存容器に移し、表面にラップをぴったりと貼り付けてからふたをし、冷蔵庫で保存する。

フルーツのストックデリ

fruit Deli ぶどうのコンポート

火を通しておくと、日持ちします。
フルーツサンドにも、
デザートにも◎。

材料：作りやすい分量

種なし巨峰（房から外す）……200g
レモン汁……小さじ1
A
　グラニュー糖……30g
　白ワイン……50g
　水……150g

作り方

1. 鍋にAを入れて中火にかける。沸騰したらぶどうとレモン汁を加え、沸騰寸前で火を弱め、5分加熱する。
2. 保存容器に移し、冷めたら冷蔵庫で保存する。お弁当に入れる際に皮をむく（皮ごと保存すると濃い紫色に仕上がる）。

fruit Deli グレープフルーツのはちみつマリネ

ディルとピンクペッパーが香る、
爽やかなマリネ。
葉野菜と合わせてサラダにしても美味。

材料：作りやすい分量

グレープフルーツ……1個
ディル（葉だけ摘み取る）……1枝
はちみつ……小さじ1/2
オリーブオイル……小さじ2
塩……少々
ピンクペッパー……小さじ1/3

作り方

1. グレープフルーツは薄皮をむき、果肉だけにする。むくときに出た果汁を絞り、果肉と一緒にボウルに入れる。残りの材料を加え、混ぜる。ピンクペッパーは指先でつぶしながら加える。
2. 保存容器に移し、冷蔵庫で保存する。お弁当に入れる際は汁気を切る。

fruit Deli 焼きりんご

シナモンをきかせたりんごのソテー。
甘さはひかえめなので、
ハムやチキンなど、肉料理にも合います。

材料：作りやすい分量

りんご……1個
バター……20g
グラニュー糖……30g
レモン汁……小さじ1
ブランデー……大さじ1
シナモンスティック……1本

作り方

1. りんごは皮つきのまま8等分のくし形に切り、芯を取り除く。
2. ふたつきの厚手の鍋を中火で熱し、バターを入れて溶けたらりんごを並べ入れ、両面を焼く。焼き色がついたらグラニュー糖とレモン汁を加え、ブランデーを加えたら火を強めてアルコール分を飛ばす。
3. シナモンスティックを入れてふたをし、弱火にして5分加熱する。ふたを取って上下を返し、さらに5分加熱する。
4. 保存容器に移し、冷めてから冷蔵庫で保存する。

fruit Deli いちごのレンジジャム

いちごがおいしい季節に
作っておきたいジャム。
バターと一緒に
パンにたっぷりのせて。

材料：作りやすい分量

いちご……150g
グラニュー糖……50g
キルシュ……小さじ2

作り方

1. いちごは洗ってヘタを取り、耐熱容器に入れてグラニュー糖とキルシュをかける。
ふんわりとラップをし、電子レンジ（600W）で3分加熱する。
2. 保存容器に移し、冷めてから冷蔵庫で保存する。

++
PART **2**
ストックデリとスープでパン弁

" パン弁 " の基本にしたい「デリ+パン+スープ」の組み合わせ。
スープを保温ジャーに入れておけば、ずっとあたたか。
パンをスープに浸して食べたり、デリをはさんで即席サンドにしたり。
メニューの幅も広がります。

++

デリ   パン
Deli + Pan

フレンチデリとスープのパン弁

PAN BENTO
++

パリのお総菜屋さんに並ぶような、洋風デリを詰め合わせました。
ラタトゥイユはオムレツのソースにもなるので近くに盛り付けて。
スープの具材は早く火が通るように、小さく切るのがポイントです。
ぶどうのコンポートは皮をむき、
味が混ざらないようにカップなどに入れましょう。

Deli（デリ）＋ Pan（パン）

お弁当の内容
パン……バゲット

- オムレツ　P.11
- ストックデリ
- キャロットラペ　P.20
- ラタトゥイユ　P.21
- 海老のペペロンチーノ　P.15
- グリーンサラダ……好みの葉野菜を敷く。
- フルーツデリ
- ぶどうのコンポート　P.34

皮をむく。

&Soup（スープ）＊ コロコロじゃがいもパセリレモンスープ

材料：**1**人分
じゃがいも（1cm角）……1個
玉ねぎ（1cm角）……1/4個
オリーブオイル……小さじ2
スープ……200ml
　（または固形スープの素1/2個＋水200ml）
レモンスライス（いちょう切り）……1枚
パセリ（みじん切り）……小さじ1/2
ピンクペッパー……少々
塩……少々

シンプルな具材に、レモンとパセリの
香りをきかせたスープです。
ほどよい酸味と爽やかな香りが、
パンとデリをうまくつないでくれます。

作り方
1. 鍋を温め、オリーブオイルを入れてじゃがいもと玉ねぎを炒める。油が全体になじんだらスープを加え5分煮る。
2. 野菜がやわらかく煮えたら火を止める。レモン、パセリ、砕いたピンクペッパーを加え、塩で味を調える。

パン···· 食パン、
　　　　カンパーニュ

ストックデリ
- ズッキーニのソテー　P.24
- ブロッコリーのアーリオオーリオ　P.20
- サラダチキン　P.15

トマトが主役のパン弁

PAN BENTO
++

トマトたっぷりのガスパチョに、いろんな色のプチトマト…。
大好きなトマトに、お弁当の主役になってもらいました。
2つのディップはやわらかくなっても混ざらないように、カップを利用します。
くるみバターとパセリバターはベーグルに塗るのはもちろんのこと、
唐揚げやプチトマトに添えて食べてもおいしいです。

Deli + Pan

++

お弁当の内容

パン…… ベーグル

ストックデリ
- ブロッコリーのアーリオオーリオ　P.20 ……………
- 赤いコールスロー　P.25 …………………………
- 鶏の唐揚げ オレガノ風味　P.18 ………

揚げ、仕上げに黒オリーブを添える。

ディップ
- くるみバター　P.30 ……………………………
- パセリバター　P.31 ……………………………

プチトマト……できればカラフルなものを用意。

++

& Soup ＊ 簡単ガスパチョ

スペインの冷たいトマトスープ
「ガスパチョ」をお弁当仕様にアレンジ。
野菜を切る時間がないときは、
フードプロセッサーに短時間かけて
みじん切りにしてもOK。

材料：**1**人分

トマトジュース（有塩）……150ml

A
　アーリーレッド（みじん切り）……大さじ 1/2
　セロリ（みじん切り）……大さじ 1/2
　きゅうり（みじん切り）……大さじ 1/2
　ピーマン（みじん切り）……小さじ 1
オリーブオイル…… 小さじ 1
塩……少々
コリアンダーパウダー……少々

作り方

1. Aに塩をしてなじませておく。
2. 残りの材料を加えて混ぜる。

✢ トマトジュースが無塩の場合は塩を多めに加えて味を調える。冷やして飲むスープですが、寒い季節には温めてもおいしい。

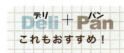 これもおすすめ！

パン‥‥カンパーニュ、
イングリッシュマフィン

ストックデリ
● あじフライ P.19 ‥‥‥ 　● プチトマトのピクルス P.22 ‥‥‥

ディップ
● 豚のリエット P.33 ‥‥‥
● レバーペースト P.32 ‥‥‥‥‥‥‥‥

エスニックデリとカレースープでパン弁

PAN BENTO ++

カレー風味のスープにスパイシーなフムスなど、エスニックな香りのお弁当。
パンは滋味のあるカンパーニュを合わせてみました。写真では見えにくいですが、
ごぼうやいかのマリネの下には葉野菜をたっぷり敷いています。
一緒にパンにのせて食べるとさっぱりしますよ。
大豆のフムスにはクミンシードをふって、さらに香りをプラスします。

Deli + Pan

++

お弁当の内容

パン……カンパーニュ

ストックデリ
- ごぼうと挽き肉の黒酢炒め　P.26
- いかとアーリーレッドのマリネ　P.17

ディップ
- 大豆のフムス　P.31

クミンシードをふる。

野菜スティック（きゅうり・紅芯大根・プチトマト）
　……朝用意し、水気をよく切ってから入れる。

グリーンサラダ……好みの葉野菜を敷く。

++

&Soup スープ ✱ キャベツカレースープ

材料：**1人分**
キャベツ（2cm角）……1枚
スープ……200ml
　（または固形スープの素 1/2個
　＋水 200ml）
カレー粉……小さじ 1/2
オリーブオイル……小さじ 2
塩……少々

食欲を刺激するカレー味のスープ。
具材はキャベツ以外にも、根菜類を入れても美味です。
スパイシーな味が好みなら、カレー粉にプラスして
唐辛子やクミンなどを加えても OK。

作り方

1. 鍋にスープを入れて温め、沸騰したらキャベツを入れて煮る。
2. やわらかくなったらカレー粉を加え、塩で味を調える。火を止めてオリーブオイルを加える。

Deli + Pan
これもおすすめ！

ストックデリ
- 鶏と野菜のグリーンカレー炒め　P.18 ··············
- おかひじき炒め　P.21 ··············

パン···· バゲット、
イングリッシュマフィン

かぼちゃスープと鮭で和風パン弁

PAN BENTO ++

和風のおかずにはふんわりやさしいバターロールがよく合います。
お弁当箱も曲げわっぱなどにすると「和」の気分がよりアップして、
ごはん派の人にも喜ばれそう。
ゆかりバターがパンと和風のおかずをつなげてくれるので、
ぜひ一緒に持って出かけて。

Deli + Pan

お弁当の内容
パン……バターロール

ストックデリ
- 鮭とれんこんのからししょうゆマリネ　P.16
- プチトマトのピクルス　P.22
- 切り干し大根とパプリカのマリネ　P.29
- 厚焼き卵　P.11

ディップ
- ゆかりバター　P.31

スプラウト……または好みの葉野菜

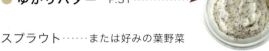

& Soup * かぼちゃ豆乳スープ

パンの相棒といえば、とろみのあるポタージュスープ。
かぼちゃをさつまいもやじゃがいも、
豆乳を牛乳に替えてもおいしく作れます。

材料：**1**人分
かぼちゃ
（皮と種を取り2cm角に切る）
　……正味 75 g
玉ねぎ（薄切り）……1/8 個
バター……3 g
スープ……150 ml
　（または固形スープの素 1/3 個＋水 150ml）
豆乳……50 ml
塩、黒ごま……各少々

作り方
1. 鍋を中火で温めてバターを溶かし、かぼちゃと玉ねぎを入れ、塩少々をして炒める。油がまわったらスープを加え、5分ほど煮る。
2. かぼちゃがやわらかく煮えたらハンディブレンダーなどでなめらかにする。豆乳を加えてのばし、塩で味を調える。沸騰直前まで温め、黒ごまをふる。

Deli + Pan これもおすすめ!

パン‥‥ コッペパン、イングリッシュマフィン

ストックデリ
● 牛肉のしぐれ煮 P.17

ディップ
● しば漬けディップ P.31

中華風パン弁

PAN BENTO ++

中華料理で北京ダックなどを包む「春餅（チュンピン）」をイメージした、チャイニーズパン弁。
気軽に手に入るトルティーヤを使いました。
ゆで塩豚、テンメンジャン、野菜を一緒に巻くと、おいしい！
コロコロしたおかずも、トルティーヤで巻けば食べやすくなります。
スープは豚のゆで汁を利用します。これがまた絶品！

Deli（デリ）＋Pan（パン）

お弁当の内容
パン……トルティーヤ

ストックデリ
- 根菜の中華風マリネ　P.24
- オクラのレモンマリネ　P.23
- 桜海老とコーンの花椒炒め　P.29
- ゆで塩豚　P.12

食べやすい大きさに切り、
水気をよく拭き取り、
テンメンジャンとパクチーを添える。

Soup（スープ） ＊ さっぱり中華風レタススープ

材料：1人分
- ゆで塩豚のゆで汁（P.12）
　……200ml
- しょうが（薄切り）……1枚
- レタス（一口大にちぎる）
　……1枚
- 白髪ねぎ……少々
- 塩・こしょう……各少々

豚のゆで汁を活用したスープです。
煮汁の脂とアクをしっかり取り除くと、クリアな味に。
豚のスープとしょうがだけの雑味のない味わいが、
体に沁み渡ります。

作り方
1. 鍋にゆで汁としょうがを入れて温め、塩・こしょうで味を調える。
2. 火を止め、レタスと白髪ねぎを加える。

パン····バゲット、
食パン

ストックデリ
● 切り干し大根とパプリカのマリネ　P.29 ·········
● ごぼうと挽き肉の黒酢炒め　P.26 ·················
ディップ
● ゆかりバター　P.31 ··············

47

PART 3
サンドウィッチでパン弁

好きな具材をパンではさむだけ。
ほんとうに時間のない朝にも、すぐにできるのがサンドウィッチ。
パンの内側にバターや油分のあるペーストを塗って
コーティングすること、具材の水気をしっかり
切ること。この2つを守れば、
時間が経ってもおいしいままです。

カツサンド弁当

ボリュームがあり、お腹が空く日にもってこいのカツサンド。
粒マスタードと赤いコールスローでカラフルに仕上げました。

材料：**1**人分

パン
サンドウィッチ用食パン……3枚

ストックデリ
● **とんカツ**
　P.19………………………2枚

● **赤いコールスロー**
　P.25………………………50g

バター（室温に戻す）……小さじ4
粒マスタード……適量

サイドディッシュ
ぶどう……適量

作り方

1. 食パン2枚の片面にバター各小さじ1、粒マスタードを順に塗る。
   もう1枚の食パンの両面にバターを小さじ1ずつ塗る。

2. マスタードを塗った食パンにとんカツ、バターを塗った食パンにコールスローをのせる。
   とんカツには、好みでとんカツソースやウスターソース（共に材料外）をかけてもよい。

3. とんカツの上にコールスローの食パンを重ね、マスタードを塗った食パンをかぶせる。お弁当箱のサイズに合わせてサンドウィッチを切り、詰める。ぶどうなどのフルーツと共に持っていく。

Deli これもおすすめ！

● **桜海老とピーナッツのコールスロー**
P.27

カツサンドの名脇役が、キャベツ。このレシピでは紫キャベツのコールスローを使いましたが、桜海老のコールスローに替えると、さらに旨みがアップ。パンの耳が好きな方は、通常の食パンを使っても美味です。

バインミーサンド

ベトナムの屋台で売られているバゲットサンド「バインミー」を、
ストックデリを活用して作りました。
生野菜はサニーレタス以外にも、きゅうりの千切りやスライストマトがよく合います。

卵&カニサラダサンド

定番の卵サラダサンドに、カニかまとディルを合わせてアレンジしました。
手になじんで食べやすいバターロールで作れば、世代を問わず愛される味に。

P.50
バインミーサンド

材料：**1**人分

パン
バゲット……15cm

++++++++++++++++++++++++

ディップ
● **レバーペースト**
　　P.32 …………… 30g

スイートチリバター（混ぜておく）
[　バター（やわらかくする）……大さじ1
　スイートチリソース（市販品）……小さじ1

サニーレタス……1/4枚

ストックデリ
● **キャロットラペ**
　　P.20 …………… 50g

● **自家製ツナのオイル煮**
　　P.13 …………… 30g

パクチー……適宜

作り方
1. バゲットは斜めに切り込みを入れる。下側にレバーペーストを塗り、上側にスイートチリバターを塗る。
2. サニーレタス、キャロットラペ、ツナ、パクチーの順にはさむ。

Deli これもおすすめ！

肉or魚＋なますなどの千切りサラダ＋レバーペースト＋生野菜の組み合わせが、バインミーサンドの基本。ツナの代わりに薄切りにしたゆで塩豚‥P.12をたっぷりはさんでも、本格的な味わいになります。

P.51
卵＆カニサラダサンド

材料：**1**人分

パン
バターロール……2個

++++++++++++++++++++++++

バター（室温に戻す）……小さじ2

● ゆで卵（縦4等分）
　　P.11 …………… 2個

マヨネーズ……小さじ2

ストックデリ
● **きゅうりのピクルス**
　　P.22 …………… 2切れ

● **カニかまディル**
　　P.16 …………… 1単位

ディル……1枝

作り方
1. バターロールに横から切り込みを入れる。切り離さない程度に深く入れる。
2. 切り目の内側にバターを塗る。ピクルスをおき、ゆで卵とマヨネーズを和えて入れ、カニかまディルをのせ、さらにディルを添える。

Deli これもおすすめ！

卵やカニなど旨みのある食材が主役のサンドだから、コクのあるクロワッサンでリッチな味に仕上げるのもおすすめ。ピクルスの代わりに、甘酸っぱいキャロットラペ‥P.20をはさむと栄養バランスアップ。

PAN BENTO
+++
サンドウィッチ

厚焼き卵サンド

みんなが大好きな卵サンド。厚焼き卵をはさんで、豚のリエットと合わせました。マスタードがよく合いますが、お子さん向けにはケチャップもおすすめ。

材料：**1**人分

パン
食パン（8枚切り）……2枚

++++++++++++++++++++++++++++++

ディップ
● **豚のリエット**
　P.33……………20g

● **厚焼き卵**
　P.11……………1個

バター（室温に戻す）……小さじ1
ディジョンマスタード……適量

作り方
1. 食パンの耳を切り落とす。食パン1枚の片面にリエットを塗る。もう1枚の片面にバター、ディジョンマスタードの順に塗る。
2. 厚焼き卵を**1**でサンドする。
3. 食べやすく切り、ペーパーで包んで持っていく。

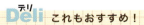
これもおすすめ！

だしのきいた卵焼きが主役のサンドですが、洋風のオムレツをはさむのもおすすめ。レバーペーストでコクと香りを出すと、違った雰囲気の卵サンドが完成します。

● オムレツ　　● レバーペースト
　P.11　　　　　P.32

オイルサーディン＆キャロットラペ　もりもりサンド

人気の具材もりもりサンド。食べやすいように具材を細かな千切りにして、いざチャレンジ。
きゅうりの千切りは、スライサーを使っても簡単にできます。

塩豚＆野菜　もりもりサンド

サニーレタスをぎゅうっと詰めて、ひじきのマリネにブロッコリーに黄パプリカ…。
リズミカルな食感と、多彩な旨みが魅力のサンド。サラダを作るような気持ちでトライ！

P.54

オイルサーディン＆キャロットラペ　もりもりサンド

材料：**1**人分

パン
食パン（8枚切り）……2枚

ストックデリ
● **オイルサーディン**
　P.14……………………3枚

● **キャロットラペ**
　P.20……………………70ｇ

レタス……2枚
きゅうり（千切り）……1/2本
ディル……1枝
バター（室温に戻す）……小さじ2

作り方

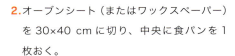

1. 食パンの内側にバターを小さじ1ずつ塗る。

2. オーブンシート（またはワックスペーパー）を 30×40 cm に切り、中央に食パンを1枚おく。

3. レタス1枚、きゅうり、オイルサーディン、ディル、キャロットラペ、残りのレタスの順にのせ、残りの食パンをかぶせる。

4. オーブンシートの手前部分をサンドウィッチにかぶせ、ギュッときつく押さえながら奥側を折って重ねる a。横のペーパーを上からつぶして平らにし、上下を三角に折って下部に折り込む b。もう片側も同じように折り込み c、真ん中をカットする d。

3

具材もりもりサンドは
たっぷりすぎるくらいの野菜が主役。
こぼれだしそうに
具材が入ったサンドウィッチです。
半分にカットしたときの
断面を意識しながら、
色合いや量を調整して作りましょう。

Deli これもおすすめ！

ぎゅっと具を盛り込んで、目と舌の両方で楽しむサンド。オイルサーディンの替わりにハンバーグを入れてボリュームを出すと、中高生のお弁当にも◎。

これもおすすめ！
パン……サンドウィッチ用食パン

● **ハンバーグ**
P.14

P.55

塩豚＆野菜　もりもりサンド

材料：**1**人分

パン
食パン（8枚切り）……2枚

ストックデリ

● **ひじきのジンジャーマリネ**
　　P.28 ………………… 70 g

● **ゆで塩豚**（5mm スライス）
　　P.12 ………………… 3枚

● **ブロッコリーのアーリオオーリオ**
　　P.20 ………………… 50 g

黄パプリカ（千切り）……50 g
サニーレタス……2枚
バター（室温に戻す）……小さじ2

作り方

1. 食パンの内側にバターを小さじ1ずつ塗る。
2. オーブンシート（またはワックスペーパー）を 30×40 cm に切り、中央に食パンを1枚おく。
3. サニーレタス1枚、ひじきのジンジャーマリネ、ゆで塩豚、ブロッコリーのアーリオオーリオ、黄パプリカ、残りのサニーレタスの順にのせ、残りの食パンをかぶせる。
4. オーブンシートの手前部分をサンドウィッチにかぶせ、ギュッときつく押さえながら奥側を折って重ねる a 。横のペーパーを上からつぶして平らにし、上下を三角に折って下部に折り込む b 。もう片側も同じように折り込み c 、真ん中をカットする d 。

a

b

c

d

Deli これもおすすめ！
ひじきのジンジャーマリネがソースのように野菜と塩豚をつなぐ役割。これを生野菜と相性がよいチリコンカンに替えても、中南米テイストが加わっておいしい。
これもおすすめ！
パン……サンドウィッチ用食パン

●レンジで作る
チリコンカン
P.28

チーズバーガー

中高生のお弁当にぴったりな、ボリュームたっぷりハンバーガー。
ピクルスやトルティーヤチップスを添えてアメリカンに仕上げると、簡単＆喜ばれます。

材料：**1**人分

パン
バーガー用バンズ……1個

ストックデリ
● **ハンバーグ**
　P.14 ……………………1個

サニーレタス……1枚
玉ねぎ（1cm厚さのスライス）……1枚
トマト（1cm厚さのスライス）……1枚
スライスチーズ……1枚
バター（室温に戻す）……小さじ2
ソース
　┌ トマトケチャップ……適量
　└ マスタード……適量

サイドディッシュ
● **きゅうりのピクルス**
　P.22……………………適量
トルティーヤチップス……適量

作り方
1. バーガー用バンズは厚さを半分に切り、オーブントースターで軽くこげ目がつくまで焼く。玉ねぎはサラダ油（分量外）をひいたフライパンで焼く。ハンバーグは解凍後焼いておく。
2. バンズの内側にバターを半量ずつ塗る。下側のバンズにサニーレタス、焼いた玉ねぎ、トマト、ハンバーグ、スライスチーズの順にのせ、バンズの上側をのせる。ラップに包んだケチャップとマスタードを別に添え、食べる直前にかける。

Plus 1アイテム

① ラップを15〜20cm角に切り、真ん中にケチャップ（またはマスタード）をのせる。
② 四隅を中央で合わせ、根元をねじっててるてる坊主の形にして、マスキングテープで留める。
③ 食べる前に中央をピックで刺し、小穴をあけて絞り出す。

デリ これもおすすめ！
● **プチトマトのピクルス**
P.22
バーガーの定番フィリングのスライストマトを、プチトマトのピクルスに変更すると新鮮な味と見た目に変身。半分か3分の1にスライスし、水気を拭き取ってからサンドすればOK。

PAN BENTO
+++
サンドウィッチ

フィッシュバーガー

あじフライとタルタルソースをたっぷりはさみ、ディルで香りをつけたハンバーガー。魚のフライは、たらや鯛などの白身魚を使っても美味です。

材料：**1**人分

パン
イングリッシュマフィン……1個

ストックデリ
● **あじフライ**（揚げる）
　P.19 ……………1枚

キャベツ（2cm角に切る）……1枚
バター（室温に戻す）……小さじ2
タルタルソース（下記参照）……大さじ2
ディル……適量

作り方
1. イングリッシュマフィンは厚さを半分に切り、オーブントースターで軽くこげ目がつくまで焼く。キャベツは塩少々（分量外）をまぶししんなりさせる。タルタルソースの材料を混ぜておく。
2. マフィンの内側にバターを小さじ1ずつ塗る。下側にキャベツ、あじフライ、タルタルソースの順に重ね、ディルをのせる。イングリッシュマフィンの上側をかぶせる。

ディップ
タルタルソース

材料：（作りやすい分量）
ゆで卵（粗みじん切り）P.11 ……1個
玉ねぎ（みじん切り）……大さじ1
グリーンオリーブ（みじん切り）……2粒
ケイパー（みじん切り）……小さじ1
マヨネーズ ……大さじ1

Deli デリ これもおすすめ！
揚げ物に欠かせないキャベツの代わりに、赤いコールスローを入れると味わいアップ。タルタルソースが苦手な人は、カニかまディルをはさむのがおすすめです。
これもおすすめ！ パン…… バーガー用バンズ

● 赤いコールスロー P.25

● カニかまディル P.16

鶏唐揚げバーガー

ボリューム満点＆ほおばりやすい、鶏の唐揚げのバーガー。
唐揚げの隠し味に入れたオレガノの風味が、よいアクセントになっています。

材料：**1**人分

パン
バーガー用バンズ……1個

● **鶏の唐揚げ オレガノ風味**（揚げる）
P.18 …………… 3個

ストックデリ
● **赤いコールスロー**
P.25 …………… 30g

● **きゅうりのピクルス**
P.22 …………… 1〜2切れ

タルタルソース
P.60 …… 大さじ2

作り方
1. バーガー用バンズは厚さを半分に切り、オーブントースターで軽くこげ目がつくまで焼く。
2. バンズの下側に、コールスロー、ピクルス、唐揚げ、タルタルソースの順に重ねる。バンズの上側をのせる。

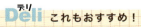 これもおすすめ！

鶏の唐揚げには甘酸っぱい味がよく合うので、ピクルスや酢漬け系のデリがぴったり。キャベツのザワークラウト風をたっぷりとはさんだり、プチトマトのピクルスをスライスして加えても◎。
これもおすすめ！ パン…… イングリッシュマフィン

● **キャベツの**
ザワークラウト風
P.22

● **プチトマトの**
ピクルス
P.22

フルーツサンド

サンドウィッチ作りに慣れてきたら、憧れのフルーツサンドにトライ！
フルーツサンドとサラダだけ、たまにはそんなランチもうれしい。

2

3
a

b

c

材料：**1**人分

パン
サンドウィッチ用食パン……4枚

いちご……7～9粒

種なしぶどう
　（シャインマスカット、ピオーネなど）……4粒

A
[生クリーム……150 g
　グラニュー糖……15 g]

作り方

1. Aをボウルに入れ、氷水でボウルの底を冷やしながら泡立て、7分立て（軽く角が立つ程度）にする。
2. いちごはヘタを切り落としながら全体の高さを揃える。ぶどうは7mm厚さに切る。
3. 食パン2枚にそれぞれ1を5mm厚さに塗る a。片方にはいちごを隙間なく並べ b、もう片方にはぶどうを並べる（ぶどうはできれば2色交互に）。いちごの上にたっぷりと1をのせ c、隙間を埋めるようにスパチュラで塗り広げる。ぶどうの上には1を5mm厚さに塗り広げる。それぞれ食パンをのせる d,e。
4. 隙間なく生クリームが入るように、必要であれば1を足しながらサンドの側面にスパチュラを当ててならす。
5. よく切れる包丁を使い、具材の中央を意識して、半分にカットする。

サイドディッシュ
アボカドとナッツのサラダ

材料：（1人分）

好みの葉物野菜
　（サニーレタス、フリルレタスなど）……適量

アボカド……1/4個

プチトマト……2個

くるみ（から焼きする）……3粒

好みのドレッシング……適量

作り方

材料すべてを食べやすい大きさに切る。好みのドレッシングを別添えにして、食べる直前にかける。

Deli これもおすすめ！

いちごの
レンジジャム　P.35

ミルク＆
クリームチーズ　P.30

生のいちごが手に入らない時期には、いちごジャムの果肉を使ってもおいしい。パンに塗るバターをミルク＆クリームチーズに替えると、よりスイーツ感がアップするからぜひお試しを。

PAN BENTO +++ サンドウィッチ

クラブハウスサンド

カリカリベーコン、ジューシーなチキン、しゃきしゃきのレタスなど、具だくさん。
トーストした食パンを3枚使い、食べごたえ抜群のサンドは、ビールともよく合います。

カンパーニュサンドウィッチ

滋味深い味わいのカンパーニュに合わせて、香りと旨みのある具材をセレクトしました。
上にパンをのせないで、オープンサンドにして食べるのもおすすめ。

P.64

クラブハウスサンド

材料：**1**人分

パン
食パン（8枚切り）……3枚

+++

ベーコン……2枚

レタス……1枚

スライスチーズ……1枚

ストックデリ
● **サラダチキン**（そぎ切りにする）
P.15 …………………30 g

ソース（混ぜておく）
[マヨネーズ……小さじ1
[トマトケチャップ……小さじ1

バター（室温に戻す）……小さじ4

粒マスタード……適量

サイドディッシュ
ポテトチップス……適量

作り方

1. ベーコンは油をひかないフライパンでカリカリになるまで焼く。
2. 食パン1枚の片面にバター小さじ1、粒マスタードの順に塗り、レタス、**1**、ソースの順に重ねる。
3. もう1枚の食パンの両面にバターを小さじ1ずつ塗って**2**の上にのせ、スライスチーズ、サラダチキン、ソースの順に重ねる。
4. 残った食パンの片面にバター小さじ1、粒マスタードの順に塗り、**3**にかぶせる。対角線上に半分に切り、中央をピックで刺す。

Deli これもおすすめ！

● ゆで塩豚　● くるみバター
P.12　　　P.30

あっさりとしたチキンを入れるのが定番ですが、薄切りにしたゆで豚も美味。スライスしたゆで卵…P.11を一緒にはさむと、より豊かな味わいになります。くるみバターを塗れば、くるみの食感がよいアクセントに。

P.65
カンパーニュサンドウィッチ

材料：**1**人分

パン
カンパーニュ（スライス）……各1枚

++

焼きりんごとレーズンのサンドウィッチ

火を通したりんごのやさしい甘みと、
レーズンバターの濃厚な香りがマッチ。
ワインにもぴったりです。

フルーツデリ
● 焼きりんご
　P.35 ……………… 2切れ

ディップ
● ラムレーズンバター
　P.33 ……………… 大さじ1

シナモンパウダー……少々

作り方
1. カンパーニュを半分に切り、1枚の片面にレーズンバターを塗る。
2. 焼きりんごをのせ、シナモンパウダーをふる。もう1枚のパンをかぶせる。

ズッキーニと里いものサンドウィッチ

バルサミコ風味のズッキーニが主役。
里いものねっとり、ズッキーニのしんなり、
パンの皮のカリカリ…。食感が魅力です。

ストックデリ
● ズッキーニのソテー
　P.24 ……………… 3枚

● 里いものバターマッシュ
　P.26 …………… 大さじ1

サニーレタス……1/4枚
スライスチーズ（斜めに切る）
　……1/2枚
バター（室温に戻す）……小さじ1

作り方
1. カンパーニュの片面にバターを塗り、半分に切る。
2. 片方の上に里いものバターマッシュ、サニーレタス、チーズ、ズッキーニの順にのせ、もう1枚のパンをかぶせる。

Deli これもおすすめ！

ライ麦や全粒粉が香るカンパーニュには、コクと香りのある力強いデリやディップを合わせたい。ラタトゥイユ…P.21 や豚のリエット…P.33 をたっぷりのせれば、フレンチテイストの一品が完成。
これもおすすめ！
パン…… イングリッシュマフィン

ミートボールのポケットサンド

厚切り食パンに切り込みを入れて具を詰めるポケットサンド。
食べるときにも具材がこぼれにくいので、小さいお子さんのお弁当にもおすすめです。

材料：**1**人分

パン
食パン（4枚切り）……1枚

ストックデリ
● **ミートボール**

　　P.13………………2個

● **おかひじき炒め**

　　P.21………………20g

A
[　トマトケチャップ……大さじ1
　水……大さじ2
　コンソメ（顆粒）……小さじ1/4
　オレガノ（ドライ）……ひとつまみ
バター（室温に戻す）……小さじ2

サイドディッシュ
● **きゅうりのピクルス**

　　P.22………………適量
ぶどう……適量

作り方
1. ミートボールを解凍し、半分に切る。小さめの鍋にAと共に入れ、水分がなくなるまで中火で煮からめる。
2. 食パンを半分に切り、切り口からナイフを入れてポケット状に切り開く。
3. ポケットの内側にバターを小さじ1ずつ塗って **1** を2個ずつ入れ、真ん中におかひじきを詰める。

Deli これもおすすめ！
P.23
● **長ねぎのマリネ**

ケチャップ味がベースのミートボールには、野菜の甘みを味わえるデリを合わせたい。食パンをカンパーニュ（厚めに切って切り込みを入れる）に替えると、見た目もおしゃれに。

ホットドッグ

おいしいソーセージが手に入ったら、真っ先に作りたいのがホットドッグ。
ケチャップとマスタードの絞り方に気を使うと、一気にフォトジェニックに。

材料：**1**人分

パン
コッペパン……1個

++++++++++++++++++++++++++

ソーセージ……1本

ストックデリ
● **キャベツのザワークラウト風**
　P.22 …………20 g

バター（室温に戻す）
　……小さじ2
トマトケチャップ……適量
ディジョンマスタード……適量

作り方

1. ソーセージは袋の表示に従ってゆでる。コッペパンは切り離さない程度に深く切り込みを入れる。
2. 切り口にバターを塗り、キャベツのザワークラウト風とソーセージを順にはさむ。
3. ケチャップとディジョンマスタードを絞り出す。

✥ チーズバーガー（P.58）のように別添えにして持っていってもよい。

Deli これもおすすめ！

● レンジで作る　　● 赤いコールスロー
　チリコンカン
　P.28　　　　　　　P.25

基本のホットドッグにチリコンカンを加えると、中南米テイストに変身します。お好みでチリパウダーをふると、さらに本格的な味わいに。

コロッケサンド

街のパン屋さんみたいな懐かしいおいしさの、コロッケとバターロールの組み合わせ。
ラタトゥイユを加えて、栄養バランスを整えました。

材料：**1**人分

パン
バターロール……2個

++++++++++++++++++++++++++

ストックデリ
● **じゃがいものコロッケ**
（揚げておく）
P.24 …………4個

● **ラタトゥイユ**
P.21…………80g

ディップ
● **パセリバター**
P.31…………小さじ2

サイドディッシュ
● **キャベツの
ザワークラウト風**
P.22 ……………適量

● **グレープフルーツの
はちみつマリネ**
P.34 ……………適量

作り方
1. バターロールに深めに切り込みを入れる。ナイフを真上から入れ、切り離さないように注意する。切り目の内側にパセリバターを塗る。
2. ラタトゥイユを一部残してパンにはさみ、コロッケをのせ、残りのラタトゥイユをのせる。

Deli これもおすすめ！

● **ズッキーニのソテー**
P.24

● **ゆかりバター**
P.31

懐かし系のコロッケサンドには、シンプルなコッペパンも相性抜群。ズッキーニのソテーをたっぷりはさんだり、バターをゆかりバターに替えても、新しいおいしさが生まれます。

ひとくちサンド

幼児や小学生のお弁当にぴったりな、ひとくちサイズのサンドウィッチ。
何種類かをたっぷり作って、ピクニックに持っていくのもおすすめです。

材料：**1**人分

パン
サンドウィッチ用食パン……各2枚

+++

いちごジャム＆ミルクサンド

甘党ならずとも惹かれてしまう、いちごとミルクの組み合わせ。
クリームチーズのコクと塩味が、
いちごの甘酸っぱさを引き立ててくれます。

フルーツデリ
● **いちごのレンジジャム**（果肉のみ使用）

P.35 …………………9粒

ディップ
● **ミルク＆クリームチーズ**

P.30 …………………小さじ2

作り方
1. 食パン一組の内側にミルク＆クリームチーズを小さじ1ずつ塗る。片方にいちごをのせ、もう1枚の食パンをかぶせる。
2. 食べやすいように縦横を2等分して小さな四角に切る。

サイドディッシュ
● **かぼちゃの白味噌マッシュ**

P.27 …………………適量

● **桜海老とピーナッツのコールスロー**

P.27 …………………適量

サニーレタス……適量

ぶどう……適量

サラダチキン＆パプリカサンド

しっとりジューシーなサラダチキンに、
生野菜を合わせました。
お好みで、レタスやきゅうり、トマトを加えても。

ストックデリ
● **サラダチキン**（そぎ切り）

P.15…………………40g

黄パプリカ（薄切り）
　……30g

バター（室温に戻す）……小さじ2

作り方
1. 食パン一組の内側にバターを小さじ1ずつ塗る。片方にサラダチキン、パプリカの順にのせ、もう1枚の食パンをかぶせる。
2. 食べやすいように縦横を2等分して、小さな四角に切る。

Deli これもおすすめ！

● 自家製ツナの
オイル煮
P.13

● 味噌ピーナッツ
クリームチーズ
P.32

シンプルなサンドウィッチだから、組み合わせは自由自在。自家製ツナにマヨネーズを混ぜてツナマヨを作ったり、味噌ピーナッツクリームチーズをたっぷり塗って生野菜サンドにしたり…。マイ定番を見つけてください。

トルティーヤラップサンド

薄い生地に、野菜をたっぷり巻いてほおばりたいトルティーヤサンド。
元々はメキシコの定番料理ですが、アイデア次第でさまざまなテイストのサンドが作れます。

チリコンカンラップ

かぼちゃトルティーヤラップ

材料：**1**人分

パン
トルティーヤ……各1枚

++++++++++++++++++++++++++++++

かぼちゃトルティーヤラップ

さまざまな野菜の食感と香りが折り重なるベジサンド。
巻き寿司を作るように、きゅっときつめに巻いていくことが、
美しい断面の秘訣です。

ストックデリ
● かぼちゃの白味噌マッシュ
　P.27 ……………… 40 g

● 赤いコールスロー
　P.25 ……………… 30 g

グリーンカール……1枚

作り方

1. トルティーヤの両サイドと上部分をあけて、グリーンカール、かぼちゃの白味噌マッシュ、赤いコールスローを順にのせる。
2. 手前を折り上げ a、左右を折ってから巻き上げる b。できるだけしっかりと巻いた方が食べやすい c。
3. 巻きがほどけないようにラップなどでぴっちりと包む。

チリコンカンラップ

しゃきしゃきのレタスとトロリとしたアボカドに、
スパイシーなチリコンカンが混じり合う。
シュレッドチーズやトマトをプラスしても美味。

ストックデリ
● レンジで作るチリコンカン
　P.28 ……………… 35 g

アボカド（くし形切り）……1/6個

レタス（千切り）……1枚

作り方

1. トルティーヤの両サイドと上部分をあけて、チリコンカンとレタスをのせ、アボカドを重ねる。
2. かぼちゃトルティーヤラップの作り方 2・3 と同様に作る。

Deli これもおすすめ！

● 鶏と野菜のグリーンカレー炒め　P.18
● サラダチキン　P.15

かぼちゃマッシュの代わりに鶏と野菜のグリーンカレー炒めを使っても、新鮮な味わいが生まれます。チリコンカンには、細かく裂いたサラダチキンを加えてボリュームアップするのもおすすめ。

1

2

a

b

c

PAN BENTO +++ サンドウィッチ

クロワッサンサンド

パリパリ、サクサクとした食感と、バターの香りが魅力のクロワッサン。
クロワッサンの香りとコクを引き立てる具を選ぶことが、サンド作りの秘訣です。

材料：**1**人分

パン
クロワッサン……各1個

生ハム＆オクラサンド

生ハムの塩気とレモンの風味があとをひく、
大人のサンドウィッチ。
オクラのねっとり食感が、クロワッサンと意外にも好相性。

ストックデリ
● オクラのレモンマリネ
　P.23 ……………… 4切れ

生ハム……2枚

作り方
1. クロワッサンは厚さを半分に切る。
2. 生ハムとオクラをはさむ。

明太子オムレツサンド

ピリ辛で旨みたっぷりの明太子を、オムレツに混ぜ込みました。
ボリューム感があるので、
中高生のお弁当にもウケそうです。

● 明太子オムレツ……… 1個
　卵……1個
　明太子（薄皮から出す）……小さじ2
　牛乳……大さじ1
　バター……小さじ1
グリーンカール……1/4枚

作り方
1. クロワッサンは厚さを半分に切る。
2. 卵と牛乳を混ぜほぐし、明太子を加える。フライパンにバターを溶かし、P.11 と同様にオムレツを作る。
3. グリーンカールとオムレツをはさむ。

ぶどう＆クリームチーズサンド

おやつにも最適な、フルーツサンド。
クロワッサンがしんなりしないように、
ぶどうの汁気をよく切ってからはさんでください。

フルーツデリ
● ぶどうのコンポート
　P.34 ……………… 4粒

ディップ
クリームチーズ……25g
ミント……4枚

作り方
1. クロワッサンは厚さを半分に切る。
2. ぶどうのコンポートの皮を取り除き、キッチンペーパーで水気を取る。
3. クロワッサンにクリームチーズを塗り、ぶどうをのせ、ミントを飾る。

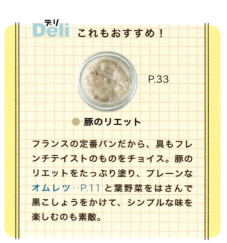

Deli これもおすすめ！

P.33

● 豚のリエット

フランスの定番パンだから、具もフレンチテイストのものをチョイス。豚のリエットをたっぷり塗り、プレーンなオムレツ・P.11 と葉野菜をはさんで黒こしょうをかけて、シンプルな味を楽しむのも素敵。

PAN BENTO +++ サンドウィッチ

ロールサンド

キッズのお弁当に大人気のロールサンド。
ラップでくるくると巻くだけで、かわいいサンドが完成します。
ぜひマスターして、遠足や運動会のお弁当に役立ててください。

いちごジャムロール

くるりと「のの字」に巻いて、
赤と白のコントラストがキュートなロール。
ブルーベリーやオレンジなど
家にあるジャムを使っても、同様に作れます。

フルーツデリ
● **いちごのレンジジャム**（果肉のみ使用）
　　P.35 ……………………… 2粒

作り方

1. いちごジャムのいちごをフォークでつぶす。
2. ラップを30×15cmくらいに広げ、その上に食パンをおく。
3. 向こう側1cm程度を残して食パンの上に1を塗る。手前からくるくると巻いてラップでくるみ、端をねじって留める。

材料：**1**人分

パン
サンドウィッチ用食パン……各1枚

卵サラダ＆オクラロール

黄色い卵サラダの中心に、
星形のオクラが入ったかわいいロールサンド。
オクラが苦手な場合は、細長く切ったきゅうりを入れても OK。

卵ペースト
[● **ゆで卵**（みじん切り）P.11……1個
  マヨネーズ……小さじ2

オクラ（さっとゆでる）……1本

作り方
1. 卵ペーストの材料を混ぜる。
2. ラップを 30×15cm くらいに広げ、その上に食パンをおく。
3. 向こう側1cm 程度をあけて **1** をのせ、中心にオクラをおく a。
4. ラップごと食パンの手前を持ち上げ b、卵ペーストの塗り終わりの端に当たるように巻く c。ラップの端をねじって留める。

ハムチーズロール

ハムとチーズを巻くだけなら、
時間がない日も、買いおき食材だけで完成！
しかも、キッズは大喜びの組み合わせです。

スライスハム……1枚
スライスチーズ……1枚

作り方
1. 食パンの上にハムとチーズを重ねておき、左ページのいちごジャムロールと同様に作る。

Deli これもおすすめ！

● **焼きりんご** P.35　● **ミルク＆クリームチーズ** P.30

焼きりんごなどのやわらかな素材を選ぶことが、ロールサンドの鉄則。ディップも少し室温に出して、クリーム状にしてからたっぷりと塗ると、巻きやすいです。

ラップの上からオーブンシートなどで包んでもよい。

ベーグルサンド

カジュアルな存在感と具だくさんな断面に、ファンの多いベーグルサンド。
食べごたえとボリュームも充分で、忙しい日のランチの強い味方です！

根菜マリネ&ベーコンサンド

グリーンカレーとクリームチーズサンド

材料：**1** 人分

パン
ベーグル……各1個

グリーンカレーとクリームチーズサンド

ベーグルはぎゅっと詰まった食感なので
デリも歯ごたえがしっかりしたものをセレクト。
かぼちゃやパプリカで、断面もカラフルに！

ストックデリ
● 鶏と野菜のグリーンカレー炒め
　P.18 …………………100 g

クリームチーズ……45 g

バジル……2枚

作り方
1. ベーグルの厚みを半分に切り、下部分にクリームチーズをのせる。ラップをかぶせて手のひらで押し、チーズを塗り広げる。
2. グリーンカレーをこんもりとのせ a、ラップの上から押さえて平らに整える b。
3. ベーグルの上部分に、厚みの半分程度まで切り込みを入れ c、2にかぶせる。刃の両側を押さえて安定させながら半分に切る d。バジルを添える。
4. ラップを広げ、断面を下にしておき、全体を包む e。

根菜マリネ＆ベーコンサンド

黒酢や豆板醤のチャイニーズな風味を
大豆のフムスでやさしく包みました。
ベーコンやレタスなど、食感も多彩です。

ストックデリ
● 根菜の中華風マリネ
　P.24 ……………65 g

● 大豆のフムス
　P.31 ……………50 g

ベーコン……2枚

サニーレタス……1/4枚

作り方
1. ベーグルの厚みを横半分に切る。
2. ベーコンをフライパンで焼き、カリカリにする。
3. ベーグルの下部分にサニーレタス、2、大豆のフムス、根菜の中華風マリネを順にのせる。ラップの上から押さえて平らに整える。
4. グリーンカレーとクリームチーズサンドの作り方 3・4 と同様に作る。

a

b

c

d

e

ベーグルはかたいので、サンドする前に切り込みを入れておくと、具材がはみ出しにくいです。

PAN BENTO

サンドウィッチを持っていくアイデア

ベーグルサンドは「断面萌え」を狙って（？）、切断面をしっかり見せて詰めます。高さがあって、普通のお弁当箱には入らないので、ホーローの保存容器を活用。

ラップよりもふんわりと包めるので、アルミホイルもよく使います。ロールパンのサンドなど、つぶしたくないものに。ちなみに、汁気が多いものには向きません。

バインミーサンドは、ラップに包んで紙袋に入れて、さらに巾着袋に入れたりしてもかわいいです。食べる際には、巾着袋がランチョンマット代わりに。

愛用のお弁当箱たち。寒い季節にはスープジャーが大活躍。おかずやサンドのサイズに合わせて、ホーローやステンレスの容器や、曲げわっぱも使っています。

アメリカの映画を観ていると、子どもたちのお弁当がシンプルで驚きます。
紙袋にサンドウィッチとりんごまるごと１個にジュースだけ、というのがスタンダード。
栄養バランスはともかくとして、お弁当への気負いがないことに、多忙な母は勇気づけられます。
パン弁って、きっと、そのくらい気軽で簡単なもの。
私が重宝している、パン弁の包み方と持ち運び方、ここでご紹介しますね。

パンのパリパリ感をキープしたいクロワッサンサンドは、ワックスペーパーで包みます。食べるときに手が汚れないのも便利です。

手作りのお菓子などを入れるギフト用のポリ袋に、ワックスペーパーでくるんだホットドッグを入れて。小さく包んだケチャップとマスタードも同封します。

これぞ「アメリカン・パン弁」？　紙袋に入れて手渡します。紙ナプキンと、できればおしぼりも入れて。

キッシュやフレンチトーストなどのパン弁は、内側が防水加工されたペーパーボックスに入れます。

++++
PART 4
パンを使った料理で"パン弁"

パン弁作りに慣れてきたら、少しステップアップして、「パン料理」をお弁当にしてみましょう。
キッシュやフレンチトーストなど、
ピクニックやイベントのランチに持っていきたいラインナップを考えました。

PAN BENTO ++++ パン料理

フレンチトースト

甘いシロップだけではなく、
塩味のおかずとも相性がいいフレンチトースト。
お気に入りのディップやデリと一緒に召し上がれ。

材料：**2**人分

パン
バタール…… 4切れ

A
- 卵……1個
- 牛乳……大さじ1
- グラニュー糖……小さじ2

バター……15g

サイドディッシュ
- ● ミートボール
    P.13 …………… 4個

- ● ラタトゥイユ
    P.21 ……………… 200g

ディップ
- ● 豚のリエット
    P.33 ………………… 適量

- ● ラムレーズンバター
    P.33 ………………… 適量

サニーレタス、
とうもろこし（ゆでたもの）、
ビーツ（ゆでたもの）、グリーンオリーブ
　……各適量

作り方

1. Aをよく混ぜ合わせ、バタールを浸す。バットなどに入れ、冷蔵庫で10分おく。
2. フライパンを中火で熱し、バターを入れる。溶けてきたら、**1**を入れて片面につき3分ずつ焼く。
3. ミートボールとラタトゥイユを鍋に入れ、ラタトゥイユの汁気がなくなるまで煮からめる。

> PAN BENTO ++++ パン料理

タルティーヌ

フランスのオープンサンド「タルティーヌ」。
おつまみにもなり、パリでは専門店があるほどの人気メニューです。
オリエンタルをイメージして、和風のデリを合わせてみました。

材料：**3**個分

パン
カンパーニュ……大きめのスライス1枚

ストックデリ
● 牛肉のしぐれ煮
　P.17 …………………150 g

トマト（スライス）……3枚
シュレッドチーズ……10 g
大葉……3枚
粉山椒……少々

サイドディッシュ
● 桜海老とピーナッツのコールスロー
　P.27 …………………適量

りんご……適量

作り方
1. カンパーニュを3等分にする。それぞれにトマト、牛肉のしぐれ煮、チーズを順にのせ、オーブントースターでチーズが溶けるまで3分ほど焼く。
2. 焼き上がったら粉山椒をふり、大葉をちぎって散らす。

持ち運ぶときは、
オーブンシートで包むのがおすすめ。
具材をつぶさないようにふんわりと巻けば、
食べるときにも手が汚れません。

いわしとゆで卵の
プロヴァンス風サラダ

フルーツマリネ

PAN BENTO
++++
パン料理

ホットサンド

香ばしいこげ目がつき、具材もたっぷり包み込めるホットサンド。
専用の道具がなければ、厚切り食パンでポケットサンドを作り、
表面をフライパンでこんがり焼いても作ることができます。

材料：**1**人分

パン
食パン（8枚切り）……2枚

ストックデリ
● **里いものバターマッシュ**
　P.26 …………… 大さじ1 1/2

● **ブロッコリーのアーリオオーリオ**
　P.20 ………………… 6個

スライスハム……1枚
スライスチーズ……1枚

作り方

1. 食パン1枚に里いものバターマッシュ、ハム、チーズ、ブロッコリーの順にのせ、残りの1枚を重ねる。
2. ホットサンドメーカーを温め、オリーブオイル（材料外）を薄く塗って **1** を焼く。直火タイプであれば、途中で裏返し、合計3分ほどで焼き上がる。

サイドディッシュ
いわしとゆで卵のプロヴァンス風サラダ

材料：（1人分）
オイルサーディン　P.14……1切れ
ゆで卵　P.11……1/2個
レタス、オリーブ（黒・緑）、
イタリアンパセリ、好みのドレッシング
　……各適量

作り方
①オイルサーディンとゆで卵、レタスを食べやすい大きさに切る。
②容器に盛り、オリーブとちぎったイタリアンパセリをのせ、ドレッシングをかける。

サイドディッシュ
フルーツマリネ

材料：（1人分）
バナナ……1/2本
キウイ……1/2個
ぶどう（緑・紫）……各2粒
オレンジ……1個
はちみつ……大さじ1
ミント……5〜6枚

作り方
①バナナとキウイは皮をむき、食べやすく切る。ぶどうは半分に切る。オレンジは皮をむき、薄皮を取り除き果肉だけにする。
②①をはちみつで和えて容器に入れ、ミントをのせる。

パンキッシュ

憧れの手作りキッシュ。生地をパンで代用すれば、驚くほど簡単に作れます。
ふるふるのアパレイユに、とろけるチーズがこんがり。
おいしそうな焼き目までもが、ごちそうです。

材料：**2**個分

パン
ブール（または小型の丸いハード系パン）……2個

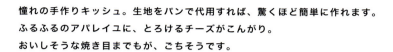

ストックデリ
● **長ねぎのマリネ**
　P.23 …………… 6切れ

シュレッドチーズ……40 g

A（混ぜておく）
　卵……1個
　生クリーム……小さじ2
　● **アンチョビバター**
　　P.32 …………… 小さじ1

サイドディッシュ
フルーツやプチトマトと一緒に。

作り方
1. ブールの上から1/4くらいを切り落とす。縁から1cmのところにグルッと1周ナイフを立てて、底まで切らないように切り込みを入れる a 。切れ目の内側を押しつぶし、空間を作る b 。
2. 1に長ねぎのマリネを入れ、Aを均等に流し入れる。シュレッドチーズをのせる。
3. 200℃に予熱したオーブンで15分焼く。

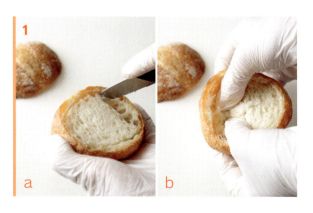

パンを立てると
切り込みを入れやすい。

a

刃先だけを細かく動かし、
左側の底部分からパンの中身を切り離す。

一度ナイフを抜き、刃の向きを変えて、
同じ穴から右側の底部分とパンの中身を切り離す。

b　　　c

d　　　e

PAN BENTO ++++ パン料理

サンドウィッチ・シュルプリーズ

大きなカンパーニュの中から、色とりどりのサンドウィッチと
デリが飛び出します。
まさにシュルプリーズ（フランス語でサプライズ）。
お祝いごとや記念日など、特別な日に持っていきたいパン弁です。

材料：作りやすい分量

パン
カンパーニュ（直径25cm程度）……1個

A（混ぜておく）
  スモークサーモン……3枚
  バター（室温に戻す）……小さじ2

ディップ
● 味噌ピーナッツクリームチーズ
    P.32 ………………………適量

● しば漬けディップ
    P.31 ………………………適量

● いちじくバター
    P.30 ………………………適量

サイドディッシュ
プチトマト……3〜4個
オリーブ（黒・緑）……5〜6個
ピクルス……2〜3切れ
サニーレタス……適量

作り方

1. カンパーニュの上から1/3程度を切り落とす。縁から1cmのところにグルッと1周ナイフを立てて、底まで切らないように切り込みを入れる a。
2. 底から1cmのところにナイフを水平に差し込み、刃先だけを振るようにしてパンの中身を切り離す b,c。一度ナイフを抜き、同じ穴から刃の向きを変えて差し込み、反対側も切り離し、中身をくり抜く d,e。
3. ひっくり返して中身を取り出す f。4枚にスライスし、たて半分に切り半月形にする。外側はケースにするので取っておく g。
4. 半月形のパンを2枚一組としてそれぞれにA、味噌ピーナッツクリームチーズ、しば漬けディップ、いちじくバターをサンドする。
5. 4の両端を切り落とし、半分に切って四角形のサンドウィッチにする。3のケースに彩りよく並べ、あいたところにサイドディッシュを添える。
6. 持ち運び時は1で切り取った部分をふたとしてのせ、全体をワックスペーパーで包む。

PAN BENTO

パン弁運びの便利グッズ

せっかくパン弁を作るのなら、かわいく包んで持っていきたい！
紙の袋やカップを活用すれば、持ち帰って洗う必要もないので、忙しい日に最適です。

1 **紙袋**
サンドウィッチだけを持っていく日に活用したい、クラフト紙の紙袋。ベーグルサンドなんかを入れたら、お店で買った風（？）に。

2 **紙カップ、おかずカップ**
少量ずつ何種類も入れたいデリとディップは、防水加工が施されたカップに入れて。ミニマフィン型でも代用できます。

3 **ワックスペーパー**
パンやサンドウィッチを包めば、湿気をほどよく逃してくれます。少しずつむきながら食べれば、手も汚れません。

4 **ピック**
ハンバーガーやクラブハウスサンドなど、具だくさんなサンドウィッチを支えるのに使います。キッズのお弁当には、国旗やキャラものを使っても喜ばれます。

PAN BENTO

パン弁作りの便利&衛生グッズ

スムーズに、衛生的にパン弁を作るための必須アイテムをご紹介します。

1　オーブンシート
具だくさんサンドを作るときの必需品。ワックスペーパーの代わりにサンドウィッチを包むのにも便利です。

2　ラップフィルム
ロールサンドやミニサンドは、ラップで包んで持っていくのがおすすめです。ケチャップやマスタードなどを少量入れて巾着状にしてお弁当に添えるのにも便利。

3　アルコール消毒スプレー
お弁当の調理前に手指、まな板、包丁の消毒は習慣にしましょう。お弁当箱にも、盛り付け前にシュッと一吹き。ストックデリの保存容器も、消毒をしておくと安心です。

4　菜ばし
デリを盛り付けるときには、先の細い盛り付け用の菜ばしが便利です。

5　ストックバッグ
ストックデリの下ごしらえから保存まで大活躍。ベーグルサンドやラップサンドなら、この袋に入れて持っていくこともできます。

6　調理用ゴム手袋
食品に素手で触れると、細菌が付着し、持ち運び時の温度によっては急激に繁殖します。衛生的なお弁当を食べるために、調理時と盛り付け時に必ずゴム手袋を使用しましょう。手指にぴったりフィットし、食品衛生法に適合したニトリルゴム製のものがおすすめです。

7　波刃ナイフ
パンやサンドウィッチを切るとき、刃渡りが長い波刃のナイフが一本あると、すっと気持ちよく切れて、美しい断面が生まれます。

STAFF

撮影：広瀬貴子
スタイリング：中里真理子
ブックデザイン：鈴木みのり
編集：河合知子

調理アシスタント
北澤幸子　井之上浩子　丹下慶子

協力：佐々木素子

ストックデリで簡単！
パン弁

発行日　2018年4月24日 第1刷

著者　　高橋雅子
発行人　井上 肇
編集　　堀江由美
発行所　株式会社パルコ
　　　　エンタテインメント事業部
　　　　東京都渋谷区宇田川町 15-1
　　　　03-3477-5755
　　　　http://www.parco-publishing.jp

印刷・製本　図書印刷株式会社

© 2018 Masako Takahashi
© 2018 PARCO CO., LTD.

無断転載禁止
ISBN978-4-86506-257-1 C2077
Printed in Japan

免責事項
本書のレシピについては万全を期しておりますが、万が一、けがややけど、機械の破損・損害などが生じた場合でも、著者および発行所は一切の責任を負いません。

落丁本・乱丁本は購入書店名を明記のうえ、小社編集部あてにお送りください。送料小社負担にてお取り替え致します。
〒150-0045 東京都渋谷区神泉町 8-16
渋谷ファーストプレイス
パルコ出版　編集部

高橋雅子

PROFILE・たかはし　まさこ

1969年神奈川県生まれ。22歳から製パンスクールに通い、ル・コルドン・ブルーでさらに製パンを学ぶ。また、日本ソムリエ協会ワインアドバイザーの資格を取得。99年より、パンとワインの教室「わいんのある12ヶ月」を主宰。全国各地から生徒が集まり、ウエイティングは1年以上という盛況ぶり。2009年ベーグル販売とカフェ「テコナベーグルワークス」を開店。

著書
『「自家製酵母」のパン教室』

『少しのイーストでゆっくり発酵パン』

『ゆっくり発酵 カンパーニュ』

『ゆっくり発酵ベーグル』

『ゆっくり発酵 バゲット＆リュスティック』

『ゆっくり発酵スコーンとざっくりビスコッティ』

『テコナベーグルワークス レシピブック』

『少しのイーストで ホームベーカリー
　天然酵母コースでゆっくり発酵』

『続・「自家製酵母」のパン教室』

『$\frac{1}{2}$ イーストで簡単！　私がつくる惣菜パン』

『「バーミキュラ」でパンを焼く』

（以上、PARCO出版）

『〆まで楽しむ おつまみ小鍋』（池田書店）など。

わいんのある12ヶ月
http://www.wine12.com/